내 인생에
기적을 일으키는
하루 *1* 분

내 인생에
기적을 일으키는

하루 1 분

문충태 지음

중앙경제평론사

머리말

내 안의 성공 인자 찾아내기

사람에게는 누구에게나 'ㄲ'으로 시작하는 6가지 성공 인자가 있습니다.

끼, 꼴, 꾀, 깡, 꿈 그리고 끈이 그것입니다.

끼는 열정입니다.

열정은 곧 그 사람의 삶에 대한 가치관입니다. 성공하는 사람들은 대부분 자신의 삶에 대한 가치관이 뚜렷합니다. 그래서 열정 지수가 높습니다.

꼴은 외모입니다.

외모는 겉으로 나타나는 이미지입니다. 긍정적인 이미지를 연출하느냐, 부정적인 이미지를 연출하느냐에 따라 삶의 모습이 달라집니다. 자신의 이미지를 긍정적으로 연출할 줄 알아야 합니다.

깡은 근성입니다.

근성은 경쟁력과 연결 됩니다. 쉽게 포기하거나 좌절하는 근성이라면 실패자의 삶을 삽니다. 그러나 끝까지 물고 늘어지는 근성이라면 성공자의 삶을 살게 됩니다.

꾀는 지혜입니다.

지혜는 곧 아이디어입니다. 지금은 성실한 사람보다는 창조적인 사람이 성공합니다. 창조적인 사람은 남들과 다른 생각을 하고 남들과 다른 행동을 합니다.

꿈은 희망입니다.

희망이 있기에 도전 의식이 생깁니다. 도전 목표가 명확해야 삶의 방향도 명확해집니다.

끈은 인맥입니다.

인맥은 사람 관리입니다. 지금은 네트워크 시대입니다.
성공하는 사람들은 인맥 관리가 탁월합니다.

당신은 어떤 성공 인자를 가지고 있습니까? 하나도 없다고요? 천만의 말씀. 분명히 당신에게도 이들 인자들이 있습니다. 다만, 그동안 관심이 없었기 때문에 그것들을 보지 못했을 뿐입니다.

당신 내면을 가만히 들여다보십시오. 그리고 성공 인자들을 하나씩 끄집어내십시오. 어떤 성공 인자를 끄집어내느냐에 따라 당신의 인생이 달라집니다.

문 충 태

차례

1장 '끼'를 발산하라 : 인생관 정립하기

- ★ 삶의 원칙 정하기 14
- ★ '맨딩 맨'으로 홀로 서기 16
- ★ 80 : 20 법칙 만들기 18
- ★ 열정으로 밤 새우기 20
- ★ 몰입으로 경쟁력 키우기 22
- ★ 성실+α프로젝트 수행하기 24
- ★ 나토족에서 탈퇴하기 26
- ★ 성공한 것처럼 행동하기 28
- ★ '희망'이라는 줄기세포 배양하기 30
- ★ D형으로 변신하기 32
- ★ 행동라면, 성공라면 먹기 34
- ★ 마음에 신념의 막대기 꽂기 36
- ★ '솔직'이라는 필수과목 신청하기 38
- ★ 일할 때도 놀 때도 '개짱이' 되기 40
- ★ 성공 언어 습관 들이기 42
- ★ '불독' 정신으로 임하기 44

2장 '꼴'을 바꿔라 : 이미지 연출하기

★ 긍정적으로 최면 걸기 48
★ 이목구비 명확히 하기 50
★ 밝은 음악으로 애창곡 만들기 52
★ 의도적으로 말 바꾸기 54
★ 닦고, 조이고, 기름치기 56
★ 아자! 아자! 아자! 하고 외치기 58
★ '머피'를 버리고 '샐리'와 친구하기 60
★ 내 안의 기생충 박멸하기 62
★ '증후군' 두들겨 잡기 64
★ 자기와 타협하지 않기 66
★ 작은 일에도 감사하기 68
★ 삼척동자 되지 않기 70
★ 변화의 즐거움 찾기 72
★ 1 : 1.6 : 1.6^2 법칙 잊지 않기 74
★ 일을 '놀이'로 즐기기 76
★ 날마다 뻔뻔(Fun Fun) 해지기 78

3장 '꾀'를 찾아라 : 아이디어 찾기

- ★ 생각의 물구나무 서기 82
- ★ 황당한 '아이디어' 헌팅하기 84
- ★ 주변 일들을 비틀어 보기 86
- ★ '왜? 왜?' 라는 질문 자주 하기 88
- ★ 나 홀로 브레인 스토밍 하기 90
- ★ 입체적으로 생각하기 92
- ★ 사방에 메모지 놓아두기 94
- ★ 포스트 잇 활용하기 96
- ★ 자료 스크랩 파일 만들기 98
- ★ 아이디어 폴더 만들기 100
- ★ 정보에 '감성' 담기 102
- ★ 쓰레기통 자주 비우기 104
- ★ 책에 대한 1 : 1 원칙 지키기 106
- ★ 투자 개념으로 책을 구입하기 108
- ★ 정기적으로 서점 나들이 가기 110
- ★ 경제신문 챙겨 읽기 112
- ★ 교육은 돈 주고 참석하기 114
- ★ 휴식의 의미 찾기 116

4장 '깡'을 키워라 : 경쟁력 키우기

★ 경쟁력 있는 나이 먹기 120
★ 1막 1장 주인공 되기 122
★ 하루하루의 부가가치 만들기 124
★ 오늘의 3대 뉴스 만들기 126
★ 내일 할 일 오늘 정하기 128
★ 아침시간을 경영하기 130
★ 시작 5분, 마지막 5분 집중하기 132
★ 출퇴근 시간 200% 활용하기 134
★ 골든 타임 만들기 136
★ 시간을 돈으로 계산하기 138
★ 마감 시간 정해 놓고 일하기 140
★ 자투리 시간 조각 모으기 142
★ '원츠맨' 으로 살아남기 144
★ 나의 장점 극대화하기 146
★ 가장 잘하는 것에 '올인' 하기 148
★ 위기 감지 안테나 높이 세우기 150
★ 경쟁자가 있음에 감사하기 152

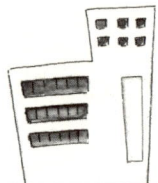

5장 '꿈'을 팔아라 : 도전정신 키우기

★ 목표를 종이에 적기 156
★ 목표는 스마트하게 정하기 158
★ 333 목표관리 하기 160
★ 자기계발 3개년 계획 세우기 162
★ 'I-Best' 실천하기 164
★ 작은 목표부터 하나씩 해치우기 166
★ 24시간 내에 행동하기 168
★ '해봤어' 라고 호통치기 170
★ '죽까' 정신으로 덤비기 172
★ '밑져봐야 본전' 으로 도전하기 174
★ 시행착오에 기죽지 않기 176
★ '한 번만 더' 해보기 178
★ '포기' 라는 단어 없애기 180
★ How를 찾는 연습하기 182
★ '미쳤다' 는 소리 듣기 184
★ '다음에' 라는 말 지워버리기 186

6장 '끈'을 늘려라 : 네트워크 만들기

★ 휴먼 네트워크 100명 만들기 190
★ '가로 본능'으로 살기 192
★ 내 인생의 '멘토' 만들기 194
★ 5가지 마음 키우기 196
★ 조류독감 감염자 멀리하기 198
★ 하루 한 명씩 내 편으로 만들기 200
★ 자발적으로 '봉' 되어 주기 202
★ 적극적으로 망가지기 204
★ 3가지 '필통' 만들기 206
★ 마음을 눈으로 보여주기 208
★ 자기 PR 작전 짜기 210
★ 붕어빵 명함 버리기 212
★ '아하' 하는 자기소개 말 만들기 214
★ 수 · 사 · 반 · 장 되기 216
★ 매일 'KISS' 연습하기 218
★ '덕분에' 라는 말만 하기 220
★ 자기 얼굴에 책임지기 222

1장

'끼'를 발산하라

↳ 인생관 정립하기

열정이 없는 곳에는
가치 있는 인생도 사업도 없다.
진리를 구하고 찾는 데에는
냉철한 이지(理智)의 힘이 필요하지만
이를 밀고 나가는 것은 열정이다.
어디까지나 진리에 충실하려는 열정,
이것이 없고서는 이지의 힘도 명철해지지 못한다.
열정은 인생의 힘이다.

- 힐티

삶의 원칙 정하기

"실력 이외에 400%를 더 준비하라!"

우리나라 최고의 통역사로 통하고, 10년이 넘게 한불 정상회담 통역을 전담하고 있는 한 동시 통역사가 하는 말입니다. 파리에서 프로 통역사로 활동하고 있는 그녀는 말을 잘하는 것만이 통역이 아니라고 말합니다.

그녀는 자기가 통역을 맡은 분야에 대해서는 전문가 이상의 식견을 갖추기 위해 몇 주, 몇 달의 공부를 해냅니다. 그녀는 새벽이면 일어나 위성 TV를 켭니다.

차 안에서도, 연구실에서도 그녀의 공부는 계속됩니다.

"실력을 100% 갖춰도 400% 더 준비해야 한다."

이것이 바로 그녀의 행동 원칙입니다.

이 삶의 원칙이 10년 넘게 한불 정상회담 통역을 전담해오고 있는 그녀의 저력입니다.

성공한 사람들에게는 그들만의 삶의 원칙이 있습니다.
우리는 이것을 가치관이라고 합니다.
성공한 사람들이 때때로 고집을 부리거나 손해를 감수하면서도 한 가지에 매달리는 것은 자기만의 가치관을 지키려고 하는 것입니다.
자기만의 삶의 원칙을 지키려고 하는 것입니다.
나만의 삶의 원칙을 만드십시오.
그 삶의 원칙이 옳은 것이냐, 아니냐는 중요하지 않습니다. 중요한 것은 당신이 고민을 통해 얻은 삶의 원칙이 '있느냐, 없느냐' 하는 것입니다.
삶의 원칙이 있어야 자신을 더 잘 알 수 있습니다.
삶의 원칙이 있어야 자존심과 자신감을 갖게 됩니다.

성공 비타민

평생 동안 자신을 향해오는 공격을 막아낼 수 있는 유일한 것은 삶의 가치관이다. - 유리피데스

'맨딩 맨'으로 홀로 서기

세계 최대 가전회사인 일본의 마쓰시타그룹 회장 마쓰시타 고노스케가 말하는 성공 비결입니다.

"하나님은 내게 세 가지 은혜를 주셨습니다.

첫째는 가난했기에 어릴 때부터 구두닦이, 신문팔이 등 많은 세상 경험을 쌓을 수 있었습니다.

둘째는 몸이 약해서 항상 운동에 힘써 늙어서도 이렇게 건강할 수 있었습니다.

셋째는 초등학교도 졸업하지 못했기에 세상 사람들을 모두 나의 스승으로 여기고 언제나 배우는 일에 게으르지 않을 수 있었습니다."

그의 성공 비결을 한 마디로 말하면 '맨딩 정신'이라

할 수 있습니다.

'맨딩' 정신이란 맨땅에 헤딩하는 것을 말합니다.

성공한 사람들은 대부분 '맨딩' 정신으로 일어선 사람들입니다. 주변에서 도와줘서 성공한 것이 아니라 맨땅에서 맨주먹으로 일어섰다는 것입니다.

이런 사람을 일컬어 '맨딩 맨'이라고 합니다.

성공하려면 노예근성을 버려야 합니다.

노예문서가 사라졌다고 해서 노예가 없는 것은 아닙니다. 주변 사람에게 손 벌리는 사람, 남에게 의존하려고 하는 사람들이 노예근성을 떨치지 못한 사람입니다.

'맨딩 맨'으로 홀로 서서 독립만세를 부르십시오.

😊 성공 비타민

신념이 중요하다. 자기 자신을 믿으면 남들도 나를 믿어줄 것이다. - 그레이엄 그린

80:20 법칙 만들기

'80:20 법칙' 이라는 것이 있습니다.

원래 이 말은 이탈리아 경제학자 파레토(Pareto)가 1906년 이탈리아 토지의 80%를 전체 인구의 20%가 소유하고 있다는 사실을 알아낸 데서 유래한 것인데 지금은 여러 분야에서 다양한 의미로 응용되고 있습니다. 예를 들면 이렇습니다.

'회사매출의 80%는 20%의 영업인력에서 나온다.

영업이익의 80%는 20%의 고객에게서 나온다.

프로대회 상금의 80%는 20%의 선수들이 가져간다.

전화 중 80%는 20%의 사람에게서 걸려온다.

성과의 80%는 20%의 집중 시간에서 나온다' 등입니다.

그런데 이 '80 : 20 법칙'이 우리 생활에도 그대로 적용되고 있음을 보게 됩니다. 성공한 사람들의 80%는 20% 행동하는 사람에게서 나온다는 것입니다.

성공하는 사람들은 누구나 행동 제일주의자입니다. 생각보다는 행동을 먼저 하는 사람들이라는 것입니다.

나만의 성공 법칙을 만드십시오.

내 인생의 '80:20 법칙'을 만드는 것입니다. 즉 '행동 80%, 생각 20%'이라는 법칙입니다. 성공하려면 행동이 80%가 되어야 하고 생각이 20%가 되어야 합니다. 그런데 대부분의 사람들은 이와 반대입니다. 생각이 80%이고 행동이 20%입니다.

'행동 80%, 생각 20%'의 원칙을 따르면 성공도 저절로 따라옵니다.

성공 비타민

중요한 일(20%)을 먼저 처리하면 나머지 일(80%)은 거의 완성된 것이나 마찬가지이다. - 앨런 레이킨

열정으로 밤 새우기

한방 화장품 '설화수'를 개발한 한 연구원에 관한 이야기입니다. '설화수'를 개발하면서 이 연구원은 한국 야생식물에 푹 빠져 있었습니다. 설화수가 천연 물질을 재료로 한 한방 화장품이기 때문입니다.

거문도 수선화 향이 좋다면 한걸음에 거문도로 달려갔고, 제주도 한란 향이 좋다는 얘기가 들리면 또 제주도에까지 날아갔습니다.

한지를 만드는 사람들이 유난히 손이 곱고 하얗다는 사실을 알게 된 후론 한지 재료인 닥나무를 끼고 살았습니다. 선운사 뒤 야생녹차 성분은 재배녹차 성분과 어떻게 다른지를 알아내기 위해 수많은 불면의 밤을 보내기도 했습니다. 이러한 그의 열정 덕분에 '설화수'는 초히트 상품이 되었습니다.

성공의 핵심 키워드 중의 하나가 '열정' 입니다.
열정은 스스로 움직이게 하는 힘입니다.
열정은 지치지 않게 하고 몰입하게 하는 힘입니다.
열정이 있으면 일은 노동이 아니라 즐거움으로 변하게 됩니다. 자기 안의 숨겨진 열정을 깨워야 합니다.
목표를 분명히 하십시오.
목표가 분명할 때 자신이 하는 일에 열정을 갖게 됩니다.
자기계발 교육을 적극적으로 하십시오.
열정은 전문지식이 뒷받침 될 때 커지게 됩니다.
열정지수를 높이십시오.
그러면 성공지수도 따라 올라갑니다.

성공 비타민

성공은 능력보다 열정에 의해서 좌우된다. 승리자는 자신의 일에 몸과 영혼을 다 바친 사람이다. – 찰스 북스톤

몰입으로 경쟁력 키우기

삼성그룹 이건희 회장이 한 말입니다.

"몇 년 전까지만 해도 내가 몇 시에 자는지, 몇 시간이나 자는지 나도 잘 몰랐습니다. 신경영을 고민할 때는 초밥 몇 개만 먹으면서 이틀 밤을 꼬박 새운 적도 있고, 그러다 지치면 하루 종일 잠만 잔 적도 있어요."

일에 몰입하다 보니 시간이 어떻게 가는 줄도 몰랐다는 말입니다.

사업에 성공한 CEO들을 만나보면 한결같이 이렇게 말합니다. "밤낮 없이 일만 생각했고, 하루 3~4시간 잠자는 시간을 제외하곤 어떻게 해야 할지를 궁리했습니다." 모든 생각과 행동을 한 가지에 몰입했던 것이 오늘과 같은 성공이라는 결과를 얻게 되었다는 말입니다.

자신이 하는 일에 몰입해야 합니다. 사마천이 지은 《사기》에는 삼망(三忘)이라는 개념이 나옵니다. 병사가 잊어야 할 세 가지를 일컫는 말입니다. 전쟁에 나가서는 가정을 잊고, 싸움에 임해서는 부모를 잊고, 공격의 북소리를 듣고서는 자신을 잊어야 한다고 합니다.

일할 때도, 밥 먹을 때도, 놀 때도 오직 한 가지만 생각해야 몰입의 경지에 이를 수 있습니다.

생각이 많은 사람은 몰입하지 못합니다.

주변이 산만한 사람은 몰입하지 못합니다.

오랜 시간 일한다고 해서 성과가 좋은 것이 아닙니다.

짧은 시간이라 하더라도 몰입해서 일해야 성과가 높게 나타납니다.

'몰입'의 능력이 당신의 경쟁력입니다.

성공 비타민

자신이 지닌 잠재력을 한곳에 집중하라. 잠재력을 낭비하는 것은 가장 큰 사치이다. - 존 로비

성실+α 프로젝트 수행하기

'지금은 성실한 것만으로는 살아남지 못합니다.'
한 미래학자가 한 말입니다.

성실하기만 하면 남들보다 잘 살던 시대가 있었습니다. 얼마 되지 않은 월급이라 하더라도 쪼개고 또 쪼개서 열심히 저축을 하고, 아침 7시부터 밤 11시까지 쉬지도 않고 몸이 부서져라 열심히 일만 하면 성공하던 시대가 있었습니다. 하루 종일 자연과 싸우던 농경시대가 바로 그런 시대였습니다. 그러나 이제 성실성만으로 성공하는 시대는 지났습니다.

디지털 시대, 정보화 시대가 되면서 성실함만으로는 살아남지 못하는 시대가 되었습니다. '어떻게 일하는가,

어떤 아이디어를 가지고 일하는가' 하는 능력이 성실성보다 더 중요시 되는 시대입니다.

21세기는 '근익빈(勤益貧) 창익부(創益富)시대'라고 합니다. 성실한 사람은 가난하게 살고, 창조적인 사람이 부자로 산다는 것입니다. 현대를 살아가는 방법은 성실은 기본이요, 여기에 '하나 더'가 필요하다는 것입니다. 바로 창의성입니다.

"Think Different!"

생각이 달라야 한다는 말입니다. 열심히 출근한다고 해서 승진시켜 줍니까? 밤 늦게까지 남아서 일한다고 승진시켜 줍니까? 지금은 오히려 이런 사람들이 능력 없는 사람으로 취급되고, 구조조정 우선 순위에 올라갑니다.

'남들과 다른 생각, 남들이 안 하는 행동'으로 부가가치를 만드는 사람만이 살아남습니다.

성공 비타민

창의력은 모든 사람들에게 내재되어 있다. 그 힘을 발휘하느냐, 그냥 방치하느냐는 각자에게 달려 있다. - 크리스나 레디

나토족에서 탈퇴하기

유행어 속에는 그 시대의 시대상이 들어 있습니다.

한때 유행하던 말 중에 '이태백'이라는 말이 있습니다. '이십대 태반이 백수'라는 말입니다. 그런데 요즘은 '이구백'이라고 합니다. '이십대 90%가 백수'라는 말입니다. IMF 이후에는 '사오정'이라고 했습니다. '45세가 정년'이라는 말이었습니다. '오륙도'라는 말도 있었습니다. '56세까지 직장에 남아 있으면 도둑놈'이라는 말이었습니다.

최근에는 '체온퇴직'이라는 용어가 회자되기도 합니다. '사람의 체온이 36.5도인 것처럼 36.5세가 정년'이라는 말입니다. 모두가 구조조정의 쓰라림을 겪은 사람들을 일컫는 말입니다.

한편 직장인들 중에 '나토(NATO)족'으로 불리는 사람들이 있습니다. '나토족'이란 'No Action Talking Only'의 머리글자로 '말만 하고 행동은 하지 않는 사람'을 말합니다. 이런 사람들을 보면 말은 현란합니다. 계획도 거창하고, 주장도 분명하며, 프리젠테이션도 잘합니다. 그러나 정작 행동이 없습니다. 행동이 없으니 결과도 없는 것은 당연하지요. 그래서 구조조정을 해야 하는 위기 상황에서는 이런 사람들이 먼저 밀려나는 것입니다.

'나토족'에서 탈퇴하십시오.
말은 많고 행동은 없는 사람이 되어서는 안 됩니다.
성공하는 사람들은 말을 앞세우지 않습니다.
판사는 판결문으로 자기 의견을 말하고, 프로 골퍼는 상금으로 자기 몸값을 말합니다.
말보다는 행동으로 보여 주십시오.

🌱 성공 비타민

말만 하고 행동하지 않는 사람은 잡초로 가득찬 정원과 같다.
– 하우얼

'성공한 것처럼'
행동하기

'신이 내린 목소리'라는 극찬을 받고 있는 세계적인 성악가 조수미씨가 하는 말입니다.

"저는 항상 제가 최고라는 생각을 하면서 노래를 불러요. 뉴욕 메트로폴리탄 오페라 극장이든, 지방의 작은 극장이든 지금 이 순간 내가 여기에 서 있기 때문에 무대가 특별해지는 것이라고 생각하죠."

그녀는 무대에 설 때마다 자신이 항상 최고라는 생각으로 정신무장을 한다고 합니다. 그러기에 하루하루, 최고의 공연이 되도록 노력했고, 그 결과 세계 최고의 성악가가 되었다고 합니다.

결승선에서 출발하라는 말이 있습니다. 일이 이미 실

현된 것처럼 생각하고 임하라는 말입니다. 되고 싶은 모습대로 행동하라고 합니다. 그러면 저절로 그렇게 이루어진다는 것입니다.

담배를 끊고자 하는 경우 '나는 담배를 끊겠다'가 아니라 '나는 비흡연자다'라고 생각하는 겁니다. 그러면 행동도 이미 비흡연자처럼 하게 됩니다.

'~하겠다'가 아니라 '~했다'라고 이미 이룬 것처럼 생각하고 행동해야 합니다. 이것이 성공자들의 공통된 습관입니다.

사장이 되고자 한다면 사장처럼 행동하십시오. 그러면 말도 행동도 생각도 사장처럼 하게 됩니다.

성공하고자 한다면 이미 성공한 것처럼 행동하십시오. 그러면 당신도 성공자의 대열에 끼게 됩니다.

성공 비타민

열의가 있는 것처럼 행동하면, 자신에게도 열의가 있는 것처럼 느껴진다. – 에머슨

'희망'이라는
줄기세포 배양하기

쥐의 생존 능력을 연구하는 한 실험이 있었습니다.

두 마리의 생쥐를 가지고서 하는 실험이었는데, 한 마리는 빛이 없는 곳에서, 다른 한 마리는 빛이 있는 곳에서 생존 시간을 관찰해 보았습니다.

첫 번째 실험은 빛이 완전히 차단된 깜깜한 방에서 물이 담긴 큰 대야를 하나 놓고 그 대야 속에 생쥐를 빠뜨렸습니다. 그리고 그 생쥐가 익사하기까지의 시간을 재어 보았더니 3분을 넘기지 못하고 죽고 말았습니다.

다른 한 실험은 빛을 완전히 차단하지 않고 한 줄기 빛을 비추어 주었습니다. 그랬더니 그 쥐는 36시간이나 살아 있었습니다. 깜깜한 방에 있던 쥐보다 700배나 오래

버틴 것입니다.

지금 전세계적으로 치열하게 '줄기세포' 전쟁을 하고 있습니다. 줄기세포라 함은 '미분화 세포'를 말합니다. 여러 종류의 신체조직으로 분화할 수 있는 능력을 가진 세포를 줄기세포라고 합니다.

'희망'은 성공으로 가는 줄기세포입니다.

'희망'은 여러 모습의 성공으로 분화하는 능력을 가진 줄기세포입니다. '희망은 앞으로 이렇게 되겠다'고 하는 꿈과 목표입니다.

사람은 음식 없이 40일, 물 없이 4일, 공기 없이 4분을 버틸 수 있습니다. 그러나 희망 없이는 4분도 견디기 어렵습니다. '희망'이라는 줄기세포를 배양하십시오. '희망'만 있으면 성공은 다양한 형태로 분화되어 나타날 것입니다.

성공 비타민

희망을 가져야 한다. 왜냐하면 희망은 그 자체가 행복이기 때문이다. - 새뮤얼 존슨

D형으로 변신하기

　사람의 혈액형에는 4가지가 있습니다. A형, B형, AB형, O형이 바로 그것입니다. 이 혈액형들은 변하지 않습니다. 한번 주어지면 평생을 갑니다.

　그러나 성공하는 사람들은 자신의 혈액형을 바꿉니다. D형으로 말입니다. 성공하는 사람들은 대부분 D형의 혈액형을 가지고 있습니다.

　성실하게 사는 A형이십니까?

　D형으로 바꾸십시오. 꿈(Dream)이 다르면 인생이 달라집니다.

　낙천적이신 B형이십니까?

　D형으로 사십시오. 활력(Dynamic)이 넘치면 생활이 달

라집니다.

목적이 뚜렷한 O형이십니까?

D형을 키우십시오. 욕망(Desire)이 크면 빨리 성공합니다.

명예를 소중히 하는 AB형이십니까?

D형에 '올인' 하십시오. 발전(Development)에 매달리면 내일이 달라집니다.

D형인 사람이 성공합니다. 꿈을 가진 사람, 적극적으로 사는 사람, 목표가 뚜렷한 사람, 내일을 생각하는 사람이 바로 D형입니다.

성공은 D형으로 사는 사람만 따라다닙니다.

성공 비타민

사람이 성공할 수 있는 힘은 그 재능에 있는 것이 아니다. 행동이 그 사람의 운명을 결정한다. - 에머슨

행동라면, 성공라면 먹기

 한 대형 마트의 식당 코너에 가서 라면을 주문하려고 메뉴판을 봤더니 거기에 재미있는 메뉴가 하나 있었습니다.
 '바다가 육지라면' 이라는 것이었습니다. 호기심에 그 라면을 시켰습니다. 큰 양은 그릇에 밥을 동산만하게 쌓아놓고 거기에 맛있게 끓인 라면을 부어주는 것이었습니다. 얼마나 양이 많던지 그 라면을 다 먹고 나니 배가 터질 정도였습니다.

 성공하는 사람과 실패하는 사람은 식성이 다릅니다. 라면을 먹더라도 성공하는 사람들은 '행동라면'을 먹는

데 반해 실패하는 사람들은 '했더라면'만을 즐깁니다.

실패하는 사람들에게 공통적으로 나타나는 언어습관이 '~했더라면'입니다. '지금 이렇게 열심히 노는 것처럼 고등학교 때 열심히 공부했더라면 서울대 갔을텐데…' 그럼 이 사람은 서울대 갔다는 얘기일까요, 못갔다는 얘기일까요? 고등학교 때 열심히 공부했다는 말일까요, 안 했다는 말일까요? 실패하는 사람은 '~했더라면'이라는 후회라면만 먹습니다. 그러나 성공하는 사람은 'Do it now'라는 행동라면을 먹습니다.

당신은 어떤 라면을 즐깁니까? 성공자의 라면입니까, 아니면 실패자의 라면입니까? 기왕에 먹을 것이라면 실패자의 라면이 아니라 성공자의 라면을 드십시오.

'Do it now!'
행동라면, 성공라면을 먹어야 합니다.

성공 비타민

양손을 주머니에 넣고서는 성공의 사다리를 오를 수가 없다.
- 엘마 윌러

마음에 신념의 막대기 꽂기

 고등학교 국어시간에 배웠던 〈하여가(何如歌)〉와 〈단심가(丹心歌)〉라는 시조를 기억할 겁니다. 이방원이 정몽주를 만나 개국 조선에 참여해 줄 것을 요청하는 간절한 뜻을 담아 다음과 같이 〈하여가〉를 읊조립니다.

 "이런들 어떠하리 저런들 어떠하리
 만수산 드렁칡이 얽혀진들 어떠하리
 우리도 이같이 얽혀서 백년까지 누리리라."

 이에 정몽주는 다음의 〈단심가〉로 그의 요청을 일언지하에 거절합니다.

 "이 몸이 죽고죽어 일백 번 고쳐죽어
 백골이 진토되어 넋이라도 있고 없고

임 향한 일편단심이야 가실 줄이 있으랴."

'이런들 어떠하리, 저런들 어떠하리.' 요즘 이렇게 세상을 사는 사람들이 많습니다. 신념이 없는 사람들입니다. 메뚜기 인생을 사는 사람들이 있습니다. 여기서 폴짝, 저기서 폴짝, 이러 저리 수시로 옮겨다니는 사람을 두고 하는 말입니다. 이런 사람은 성공하지 못합니다. 자기만의 주특기가 없기 때문입니다.

여기 '心', '必' 두 개의 한자가 있습니다. 마음 心자에 신념의 막대기를 꽂으면 반드시 必 자가 됩니다. 당신의 마음에 신념의 막대기를 꽂으십시오. 한곳에서 전문가가 되겠다는 강한 신념을 가지십시오. 지금은 전문가만이 인정 받는 시대입니다. 전문가들은 메뚜기 인생을 살지 않습니다.

🕑 성공 비타민

신념이 우리를 지켜준다. 명예, 돈, 사랑, 믿음……
우리를 지켜주는 것은 많다. 그러나 신념만큼 확실한 것은 없다. - 제이크 셔코브

'솔직'이라는
필수과목 신청하기

"우리는 2등입니다"라는 광고가 있었습니다.

미국 렌터카 회사의 1위는 허츠(Hertz)였습니다. 2위는 에이비스(Avis)였는데 늘 적자라는 것이 문제였습니다. 에이비스는 한 광고회사에 새로운 캠페인을 맡겼는데 광고회사에서 No.2 캠페인을 하자는 제안이 들어왔습니다. 2등을 솔직하게 인정하자는 것이었습니다. 하지만 어느 누가 2등을 선뜻 말할 수 있겠습니까?

에이비스는 여러 고민 끝에 No.2 캠페인을 하기로 했습니다. 그래서 이렇게 광고를 했습니다. "우리는 2위입니다. 그래서 더 열심히 일합니다(We're No.2. So we try harder)." 그랬더니 소비자들의 반응은 폭발적이었습니다.

솔직함에 소비자들이 격려와 지지를 보내준 것입니다.

사람들은 누구나 장점과 약점 두 가지를 동시에 가지고 있습니다. 그러나 대부분의 사람들은 자신의 약점을 숨기고자 합니다. 되도록이면 약점은 숨기고 장점만 보여주고자 합니다.

그러나 성공하는 사람들은 자신의 약점도 부끄럼 없이 보여줍니다. 판단은 상대방이 하게 하면서…….

좋은 점만 보여주려 하지 마십시오. 때로는 약점도 숨기지 않는 솔직함이 필요합니다. 그 솔직함에 상대방은 더 좋은 호감을 갖게 됩니다. 기억하십시오. 성공하는 데 있어 솔직함은 필수입니다. 선택 사항이 아닙니다.

지금 '솔직'이라는 과목을 수강 신청하십시오.

성공으로 가는 필수과목입니다.

성공 비타민

솔직하지 못한 사람은 위대한 것들을 생산할 수가 없다.
− 제임스 럿셀 로웰

일할 때도 놀 때도
'개짱이' 되기

시대가 변하면서 해석이 달라지는 것들이 있습니다.

이솝우화 '개미와 베짱이'에 대한 해석이 그 대표적이라 할 수 있습니다. 옛날에는 열심히 땀 흘리는 개미에게 찬사를 보냈고, 날마다 놀기만 하는 베짱이를 비난했습니다.

그런데 요즘에는 개미와 베짱이를 다른 시각으로 봅니다. 베짱이를 예술가로, 개미를 속물로 해석합니다. 여름내 음악으로 개미의 갈증을 달래줬던 베짱이가 "난, 예술가야. 넌 내 음악을 좋아했으니까 나도 존중해줘야 돼!"라며 개미에게 당당하게 겨울 양식을 요구합니다. 베짱이의 요구를 매몰차게 거절하는 개미는 꿈도 인정도 없는 세상의 속물로 해석하고 있습니다.

지금은 열심히 일만 한다고 해서 성공하는 것은 아닙니다. 일도 열심히 해야 하지만 놀기도 잘해야 합니다. 즉 일할 때도 열심이고, 놀 때도 열심인 사람이 성공하는 시대입니다.

어떤 사람이 성공하겠습니까?
열심히 일하고 열심히 노는 사람?
아니면 적당히 일하고 적당히 노는 사람?
죽어라 일만 하는 개미가 되지 마십시오.
날마다 놀기만 하는 베짱이가 되지도 마십시오.
일할 때도 열심히 일하고, 놀 때도 열심히 노는 개짱이가 되십시오. 개미이기도 하면서 동시에 베짱이기도 한 개짱이가 성공하는 시대입니다.

성공 비타민

성공하는 사람은 두 가지를 잘한다. 일도 잘하고, 놀기도 잘한다. - 존 골즈워디

성공 언어 습관 들이기

얼마 전 종로3가 지하철역에서 있었던 일입니다.

종로3가역은 1호선과 3호선, 5호선이 만나는 환승역입니다. 1호선과 3호선을 연결시켜 주는 통로에 많은 사람들이 열차를 갈아타기 위해 가고 있었습니다. 사람이 많이 이용하는 아침시간에 지하철을 탔으니 이리 떠밀리고 저리 떠밀리게 되었습니다. 자연히 다른 사람들과 몸이 부딪치기도 했습니다. 그때 어디에선가 이런 소리가 들려왔습니다.

"도대체 웬 인간들이 이렇게 많은 거야! 할 일 없으면 자빠져 잠이나 잘 일이지, 쓸데없이 복잡하게 돌아다녀! 아이구, 지겨워!"

그러면 그렇게 말하는 사람은 그 시간에 왜 거기에서 복잡하게 만들고 있었을까요? 말하는 습관에 따라 사람의 운명이 달라집니다.

'지겹다'를 연발하는 사람이 있습니다. 그런 사람은 인생도 지겨워집니다.

'죽겠다'를 연발하는 사람이 있습니다. 그런 사람은 하는 일들이 다 죽습니다.

'재미있다'를 연발하는 사람이 있습니다. 그런 사람은 인생을 재미있게 삽니다.

'해보자'를 연발하는 사람이 있습니다. 그런 사람은 불가능한 것도 이루어냅니다.

이제부터 성공자의 말로 바꿔 보세요.

'지겹다'를 '재미있다'로, '못 살겠다'를 '잘 살겠다'로 말입니다. 그러면 인생도 바뀌게 됩니다.

성공 비타민

말은 마음에서 나온다. 긍정적인 사람은 긍정적인 말만 하고, 부정적인 사람은 부정적인 말만 한다. - J. 플로리오

'불독' 정신으로 임하기

여러 종류의 개들이 있습니다. 그 중에 '불독'이라는 개가 있습니다. 이 개는 한번 물면 절대로 놓지 않습니다. 한 마디로 끝장을 보고 맙니다.

우리에게도 불독 정신이 필요합니다. 무슨 일을 할 때 끝까지 물고 늘어지는 정신 말입니다. 끝까지 물고 늘어지는 집요함을 키워야 합니다. 세상의 어떤 일도 집요함을 당할 수가 없습니다.

재능도 못 당합니다. 재능이 있는데 성공하지 못한 사람처럼 멍청한 사람도 없다고 합니다.

재산도 못 당합니다. 태어날 때부터 부유한 사람이 가난하게 죽는 경우를 자주 보게 됩니다.

천재성도 못 당합니다. 보상받지 못한 천재성이란 말도 있습니다.

교육도 못 당합니다. 세상은 교육받은 게으름뱅이로 가득차 있습니다.

조금 하다가 힘들다고 포기하는 사람들이 있습니다. 이 핑계 저 핑계 대며 중간에 포기하는 사람들이 있습니다. 그래서 그들은 성공하지 못합니다. 끝까지 물고 늘어지는 집요함이 없기 때문입니다.

하고자 하는 일이 있으면, 배우고자 하는 일이 있으면 끝까지 물고 늘어지십시오. 불독 정신으로 말입니다. 끝까지 물고 늘어지는 사람이 성공합니다.

성공 비타민

뜻이 강하고 굳은 사람은 어떤 어려움을 만나더라도 기어코 자신이 마음 먹었던 일을 성취하고 만다. – 마크 매코맥

2장

'꼴'을 바꿔라
↳ 이미지 연출하기

어떤 사람이 현명한가?
모든 것에서 무엇인가를 배우는 사람이다.
어떤 사람이 강한 사람인가?
자기를 억제하는 사람이다.
어떤 사람이 부자인가?
자기의 분수에 만족하고 있는 사람이다.

- 탈무드

긍정적으로 최면 걸기

길거리 토스트 장사로 시작해서 지금은 유명한 프랜차이즈 사장으로 변신한 한 사장이 하는 말입니다.

"매일 아침마다 저는 세 마디를 외쳤습니다. 나는 오늘 기분이 좋다. 나는 오늘 건강하다. 나는 오늘 정말 멋있다."

이렇게 날마다 자기에게 긍정적인 이미지를 불어넣었더니 자기도 모르게 성공하게 되더라는 것입니다.

우리의 인생은 어떻게 최면을 거느냐에 따라 그대로 이루어집니다. 긍정적으로 최면을 걸면 긍정적으로 변하고, 부정적으로 최면을 걸면 부정적으로 변합니다.

'안 된다'는 소리 하지 마십시오. '못한다'는 소리도

하지 마십시오.

자신의 능력을 부정하는 소리입니다. 자신에게 부정적으로 최면 거는 소리입니다.

긍정적으로 최면을 걸면 성공이, 부정적으로 최면을 걸면 실패가 따라옵니다.

오늘부터 이렇게 외쳐 보십시오.

'나는 건강하다. 나는 못할 게 없다. 나는 오늘을 최고의 날로 만들겠다.'

날마다 이 세 마디로 자신에게 최면을 걸어야 합니다.

성공한 사람들이 이구동성으로 하는 말이 있습니다.

"긍정적인 최면을 걸었더니 성공하더라"고.

📖 성공 비타민

제일 먼저 극복해야 하는 것은 외적인 게 아니라 '나는 못한다, 나는 재능이 없다, 내가 해서는 안 된다'는 두려움이다.

– 스티븐 코비

이목구비 명확히 하기

 우리는 흔히 이목구비(耳目口鼻)가 명확한 사람을 일컬어 미남미녀라고 합니다.
 여자가 이목구비가 뚜렷하면 그 사람을 미인이라고 하고, 남자가 이목구비가 분명하면 그 사람을 미남이라고 합니다.
 우리의 삶도 마찬가지어서 이목구비를 명확히 하면 성공하지만, 이목구비를 두루뭉술하게 하면 실패하게 됩니다.
 우리의 얼굴을 가만히 보십시오. 귀가 있고, 눈이 있고, 입이 있고, 코가 있습니다. 이것이 이목구비입니다. 이목구비를 통하여 자기에게 긍정적으로 최면을 걸어야 합니다.

이(耳) : 귀로 듣는 것을 다르게 하십시오. 항상 밝고 명랑한 것만 들어야 합니다. 불평불만, 허튼 소리 같은 것들은 듣지도 말아야 합니다.

목(目) : 눈으로 보는 것을 다르게 하십시오. 몸이 멀어지면 마음도 멀어진다고 했습니다. 목표를 자주 눈으로 보면서 잊지 않도록 해야 합니다.

구(口) : 입으로 말하는 것을 다르게 하십시오. 항상 긍정적인 말만 해야 합니다. 부정적인 말은 입 밖에도 꺼내지 않는 습관을 들여야 합니다.

비(鼻) : 온몸으로 느끼는 것을 다르게 하십시오. 생각을 다르게 하고, 행동을 다르게 해야 합니다.

성공하는 사람들은 이목구비가 명확합니다.

📖 성공 비타민

당신만이 느끼고 있지 못할 뿐, 당신은 매우 특별한 사람이다.
― 데스몬드 투투

밝은 음악으로
애창곡 만들기

"♪♩새벽종이 울렸네. ♬♪ 새 아침이 밝았네. ♪♬
너도 나도 일어나 ♩♬ 새마을을 가꾸세."
〈새마을 노래〉의 일부입니다.

1970년대 새마을 운동이 한창일 때 아침에 일어날 때도, 점심시간에도, 저녁에 잠자리에 들기 전까지 날마다 귀에 인이 박히도록 들었던 노래입니다.

중년을 넘긴 사람들은 지금 이 노래를 들으면 옛날의 향수를 느끼게 된다고 합니다. 그들은 날마다 이 노래를 들으면서 무의식적으로 '잘 살아야지, 잘 살아야지' 하는 최면에 걸렸었습니다. 그래서 마을길도 넓히고, 초가집도 없애는 등 구슬 같은 땀을 흘린 결과 오늘과 같은 경제 기반을 만들게 된 것입니다.

〈새마을 노래〉가 우리의 역사를 바꾼 것입니다.

우리가 즐겨 부르는 노래를 애창곡이라고 합니다. 사람들은 누구나 즐겨 부르는 애창곡이 한두 곡쯤은 있게 마련입니다. 그런데 그 애창곡에 따라 그 사람의 운명이 바뀌게 된다고 합니다.

밝고 명랑한 노래를 애창곡으로 하는 사람은 그 사람의 생활도 밝고 명랑하고, 하는 일도 밝아집니다.

그런데 어둡고 우울한 노래를 즐겨 부르는 사람은 생활도 어둡고 하는 일도 우울하게 변한다고 합니다. 입으로 부르면서 자기에게 최면을 걸기 때문입니다.

즐겨 부르는 애창곡은 밝은 노래이어야 합니다. 밝고 명랑한 것으로 자기에게 최면을 거십시오.

📖 성공 비타민

음악은 인간의 마음속에 존재하는 위대한 가능성을 인간에게 보이는 것이다. - 에머슨

의도적으로 말 바꾸기

부도가 나서 지옥의 고통을 겪다가 다시금 재기해 지금은 천국의 기쁨을 누리고 있는 한 벤처기업 사장이 하는 말입니다.

"힘들고 어려울 때마다 종이에 이런 글들을 썼습니다. '두려움'의 'ㄷ'을 썼다가 지우고 '도전'의 'ㄷ'을 썼습니다. 그랬더니 두려웠던 마음이 도전해 보자는 생각으로 바뀌었습니다. '절망'의 'ㅈ'을 썼다가 지우고 '희망'의 'ㅎ'을 썼습니다. 그랬더니 깜깜해서 탈출구가 없어 보이던 절망이 아직도 많은 기회들이 남아 있구나 하는 희망 으로 바뀌게 되었습니다."

힘들고 어려울 때마다 의도적으로 말을 바꾸었더니 보

기 좋게 재기하게 되었다는 것이었습니다. 성공하고자 한다면 말을 의도적으로 바꿀 줄 알아야 합니다. 부정적인 생각이 들 때마다 긍정적인 말로 바꿀 줄 알아야 합니다.

'고장'이라는 말보다 '수리중'이라는 말이 긍정적 입니다. '문 닫았음'보다는 '영업 준비중'이라는 말이 더 좋습니다.

'자살'을 거꾸로 하면 '살자'가 됩니다. 의도적으로 말을 바꿔 보세요. '두려움'보다는 '도전'으로, '절망'보다는 '희망'으로, '미움'보다는 '사랑'으로 말을 바꾸어 보십시오. 그러면 두려움도 없어지고, 절망도 사라지게 됩니다.

📖 성공 비타민

부정적인 것보다는 긍정적인 것을 먼저 생각하라. 그래야 희망하는 것을 얻을 수 있다. - 노먼 필

닦고, 조이고, 기름치기

자동차 정비공장에 가면 자주 보게 되는 표어가 하나 있습니다.

'닦고, 조이고, 기름치자' 라는 문구입니다. 지금도 이 문구가 걸려 있는 회사를 종종 보게 됩니다.

기술이 엄청난 속도로 변하고 있는 요즘 시대에 보면 이 문구는 이제 세월 속에 묻혀져 가는 옛날 구호 같이 보이지만 가만히 생각해 보면 이보다 더 명확한 카피는 없는 것 같습니다.

자동차가 잘 굴러가려면 닦고, 조이고, 기름치는 일을 게을리 할 수 없습니다.

우리 인생도 잘 굴러가려면 닦고, 조이고, 기름치는 일을 게을리 해서는 안 됩니다. 지금과 같은 치열한 생존 경쟁에서 살아남으려면 날마다 자신을 닦고, 조이고, 기름칠 해야 합니다.

날마다 닦으십시오. 매너리즘에 빠지고자 하는 마음, 현실에 안주하려는 마음을 날마다 닦아내야 합니다.

날마다 조이십시오. 게으름과 태만에 빠지려는 생각을 날마다 조여야 합니다.

날마다 기름칠 하십시오. 톡톡 튀는 생각, 따뜻함이 배어 있는 말, 적극적인 행동은 날마다 기름칠을 할 때 저절로 나타납니다.

닦고, 조이고, 기름치는 일에 열심인 사람이 성공합니다.

📖 성공 비타민

삶이 당신에게 주는 것은 오직 10퍼센트이다. 나머지 90퍼센트는 이제부터 당신이 할 몫이다. - 앨리스 크로

'아자! 아자! 아자!'
하고 외치기

 술자리에서 건배 제의를 할 때 쓰는 구호가 있습니다. 이른바 '건배사'라는 것인데, 상황에 따라서, 모임의 성격에 따라서 이 건배사가 각양각색입니다.

 '진달래'라는 구호를 외치는 모임이 있습니다. '진짜 달라진 내일을 위하여'란 뜻이라고 합니다. 미래에 대한 꿈과 희망을 강조할 때 쓰는 구호입니다.

 '마음을 훔치자'라고 외치는 모임도 있습니다. 선창자가 '마음을' 하고 외치면 전체 사람들이 '훔치자'라고 외칩니다. 고객이 갈망하는 욕구를 찾는 것이 무엇보다 중요하다는 점을 강조할 때 외치는 구호입니다.

 '나가자'라고 외치는 모임도 있습니다. '나라를 위하

여, 가정을 위하여, 자신을 위하여'라는 뜻입니다.

　다국적 회사에서 경영 컨설틴트로 활동하면서 1년에 2억이 넘는 연봉을 받고 있는 사람이 있습니다. 그는 시도 때도 없이 '아자' 하고 외친다고 합니다. 잠자리에서 일어날 때도 '아자', 하던 일이 잘 될 때도 '아자', 무슨 일을 시작할 때도 '아자' 하면서 자기에게 기운을 불어넣습니다.
　우리가 흔히 '힘내자, 힘내라'라는 뜻으로 '파이팅'을 외칩니다. 이 파이팅의 순우리말이 '아자'라는 것입니다.
　짧으면서도 힘과 열정이 들어 있는 우리말입니다.
　수시로 '아자!'를 외치면서 기를 불어넣으십시오. 지금 한 번 해보세요. "아자, 아자, 아자!!!"

📖 성공 비타민

나는 내 운명의 주인이요, 나는 내 마음의 선장이다.
- 윌리엄 어니스트 헨리

'머피'를 버리고 '샐리'와 친구하기

'머피의 법칙'이라는 것이 있습니다.

일이 좀처럼 풀리지 않고 오히려 갈수록 꼬이기만 하는 현상을 두고 머피의 법칙이라고 합니다. 자신이 바라는 것은 이루어지지 않고 우연히도 나쁜 방향으로만 일이 전개될 때 쓰는 말입니다.

예를 들면 '줄을 서면 반대편 줄이 빨리 줄어든다. 옆 줄로 옮기면 원래 줄이 더 빨리 줄어든다.' '라디오를 틀면 꼭 가장 좋아하는 곡의 마지막 부분이 나온다' 든지 하는 것을 머피의 법칙이라고 합니다.

머피 법칙의 반대 개념을 '샐리의 법칙'이라고 합니다.

하는 일마다 자신에게 유리한 방향으로 일어날 때 쓰

는 법칙입니다.

'횡단보도에 도착하자마자 파란불이 켜진다.' '날씨가 흐려 조마조마했는데 집에 들어오자마자 비가 내린다' 등이 샐리의 법칙에 속하는 것들입니다.

머피의 법칙은 실패자들이 따르는 법칙입니다. 매사를 안 좋은 쪽으로만 생각하기 때문에 하는 일마다 꼬이는 것입니다. 이들에게는 '설상가상'의 한숨뿐입니다.

샐리의 법칙은 성공자들이 따르는 법칙입니다. 항상 '성공'만 생각하기 때문에 행운도 기회도 주어지는 것입니다. 이들에게는 '금상첨화'의 감탄사뿐입니다.

머피를 차버리십시오. 그리고 샐리와 친구 하십시오. 긍정은 긍정을 낳고, 부정은 부정을 낳습니다.

📖 성공 비타민

플러스 발상을 하는 사람은 좀처럼 병에 걸리지 않는다. 마이너스 발상만 하는 사람은 쉽게 병에 걸린다. - 마틴 셀리그만

내 안의 기생충 박멸하기

 호주에서 발표된 재미있는 연구 결과가 하나 있습니다. 사람의 몸속에서 흔히 발견되는 기생충에 관련된 연구인데 사람들이 기생충에 감염되면 바보가 된다는 것입니다.

 남자가 기생충에 감염되면 지능지수(IQ)가 낮아지고, 학교성적이 떨어지며, 집중력도 저하되고, 법을 어기거나 위험한 행동을 할 가능성이 높아진다는 것입니다. 또 남에게 의존하는 경향도 높아지고, 의심과 질투심이 많아 지며 교통사고를 일으킬 가능성도 기생충이 없는 사람보다 2.7배나 된다고 합니다. 사람의 경우 기생충에 감염되면 바보가 되거나 폐인이 될 수 있다는 연구 결과입니다.

기생충을 몸속에 넣고 사는 사람들이 있습니다.

바로 실패자들입니다. 몸속에 있는 기생충들이 성공 에너지를 다 빨아먹어 버리기 때문에 그들은 결국 폐인이 되는 것입니다.

'바빠서 못한다'는 핑곗거리 찾는 기생충, '그건 해도 안 된다'는 미리 포기하는 기생충, '이 정도면 괜찮아' 하는 적당히 타협하는 기생충, '다음에 하자'라는 항상 미루는 기생충 등……

이런 기생충들이 사람들 마음속에 달라 붙어서 날마다 성공 에너지들을 빨아먹습니다.

성공하려면 마음 속에 있는 기생충을 박멸해야 합니다. 정기적으로 교육 등을 통해 기생충 박멸 백신을 맞으십시오.

📖 성공 비타민

당신의 마음을 좀먹는 한 가지 악을 먼저 없애라. 그러면 열 가지 악도 없어질 것이다. - 레너드 로즈

'증후군' 두들겨 잡기

길거리에 보면 '두더지 잡기' 게임기가 있습니다. 여기 저기 구멍에서 튀어나오는 두더지들을 망치로 내리치면서 스트레스를 푸는 게임기입니다.

한쪽 구멍에서 두더지가 튀어나오면 망치로 있는 힘을 다해 두더지를 내리칩니다. 다른 구멍에서 두더지가 나오면 또 있는 힘껏 내리칩니다. 여기서 뽕, 저기서 뽕 하고 나타나는 두더지들을 정신 없이 두드리다 보면 마음속에 있던 스트레스가 다 풀리게 됩니다.

우리 마음속에 있는 두더지들을 잡아야 합니다.

369 증후군, 파랑새 증후군, 슬럼프 증후군 등 각종 증후군들이 마음속에 있는 두더지들입니다.

'369 증후군'을 두들겨 잡으십시오. 3개월마다 하던 일을 그만두고 싶은 무기력 증상에 빠지는 것을 두들겨 잡아야 합니다.

'파랑새 증후군'을 두들겨 잡으십시오. 명확한 목표도 없이 막연하게 무엇인가를 갈망하면서 헛된 꿈만 꾸는 것을 두들겨 잡아야 합니다.

'홀리데이 증후군'을 두들겨 잡으십시오. 휴일을 보내고 나서 찾아오는 업무에 대한 스트레스를 두들겨 잡아야 합니다.

이 밖에도 무사안일, 매너리즘 등의 증후군들도 있습니다.

여기에서도 뿅, 저기에서도 뿅 하고 튀어나오는 이러한 증후군들을 있는 힘껏 내리치십시오. 그래야 '성공 증후군'이 나타납니다.

성공 비타민

우리는 언제나 자신을 변화시키고, 새롭게 하고, 젊게 해야 한다. - 괴테

자기와 타협하지 않기

'고통 없이 개구리 죽이기'라는 실험 이야기가 있습니다.

먼저 개구리를 미지근한 물속에 넣습니다. 그러면 개구리는 신나게 헤엄을 치며 놉니다. 점차 개구리가 느끼지 못할 정도로 서서히 물의 온도를 높여가면 개구리는 허우적거리다가 밖으로 뛰쳐나오지도 못하고 물속에서 죽어갑니다.

우리 주변에도 이렇게 개구리처럼 살다가 자기도 모르게 죽어가는 사람들이 많습니다. 현실에 안주하다가, 매너리즘에 빠져 있다가, 지금의 상황에 만족하며 살다가, 나이가 들어감에 따라 뛰쳐나오지도 못하고 도태되는 사람들이 너무 많습니다.

 디지털 시대는 속도의 시대라고 합니다. 변화의 속도가 엄청나게 빨리 진행됩니다. 6개월 전의 상품이 시장에서는 벌써 구형이 되고 마는 세상입니다.

 시간과 공간의 제약이 급속도로 파괴되고 있습니다. 사무실에서만 업무를 보는 시대는 이미 옛날 얘기가 되어 가고 있습니다. 이렇게 급속도로 변하고 있는 환경 속에서는 창의적이고, 차별화된 아이디어가 없으면 살아남지를 못합니다. 상품도 그렇고 개인도 그렇습니다.

 자기 자신과 타협하지 마십시오. 지금 생활에 안주하려는 자신, 편안한 방법에 안주하려는 자신을 채찍질해야 합니다. 매너리즘에 빠지려는 자신을 날마다 채찍질해야 합니다.

 자기 자신과 타협하면 죽음밖에 없습니다.

📗 성공 비타민

자기 자신을 정복하지 못하는 사람은 결코 성공할 수 없다.
― 에픽테투스

작은 일에도 감사하기

식당에 가서 보면 가끔씩 음식을 앞에 놓고 기도하는 사람을 보게 됩니다. 주어진 음식에 대해서 감사하는 기도를 하는 아름다운 모습입니다.

영국의 정치가 올리버 크롬웰은 식사를 할 때면 항상 이렇게 식사 기도를 했다고 합니다.

"하나님 아버지, 어떤 사람은 음식이 있어도 식욕이 없고, 어떤 사람은 식욕이 있어도 음식이 없는데, 저는 이 두 가지를 다 가졌으니 주님께 감사 기도를 올리옵나이다. 아멘."

"별빛 같은 은혜에 감사하면 달빛 같은 축복을 주고 달빛 같은 은혜에 감사하면 햇빛 같은 축복을 줍니다."

영국의 스펄전 목사가 한 말입니다.

성공하는 사람은 감사하는 마음을 잃지 않습니다. 특히 어려울 때 감사할 줄 아는 사람이 성공합니다. 좌절하거나 불평하기보다는 감사하는 마음으로 임하기에 그 어떤 어려움도 이겨내게 되는 것입니다.

성공자들은 감사의 조건이 있어서 감사하는 것이 아닙니다. 감사의 조건을 만들어 감사하는 것입니다.

매사에 감사하는 습관을 들이십시오.

거절당했을 때 감사하십시오. 그만큼 단련될 수 있기 때문입니다.

실패했을 때 감사하십시오. 새로운 길을 찾을 수 있기 때문입니다.

📖 성공 비타민

내가 처한 모든 문제에 감사하라. 한 문제를 극복하고 나면 자신이 더욱 강해지는 것을 느낄 것이다. - 제이시 페니

삼척동자 되지 않기

 한때 '왕따'가 심각한 사회문제가 된 적이 있었습니다. 아직도 일부 학교에서는 '왕따' 문제로 골머리를 썩히고 있는 데도 있습니다.
 그런데 요즘은 직장에서도 '왕따'가 있다고 합니다.
 한 취업 전문기관에서 설문조사를 했더니 직장인들 중에서 다음과 같은 사람들이 '왕따'를 당한다고 합니다.
 '약자에겐 강하고 강자에겐 약한 사람', '남 탓하는 사람', '잘난 척하는 사람', '아부하는 사람', '자기 주장만 하는 사람', '끼어들기 좋아하는 사람' 등등.
 누구든지 '왕따'를 당하는 사람은 괴롭습니다. '왕따'를 해서도 안 되겠지만 '왕따'를 당해서도 안 됩니다. 사람들로부터 호감을 얻기 위해서 때로는 '척' 해야 할 때가 있습니다.

여성의 경우는 착한 척, 깔끔한 척, 순한 척, 예쁜 척을 해야 합니다. 남성의 경우는 멋있는 척, 듬직한 척, 유능한 척, 자상한 척을 해야 합니다.

그러나 다음과 같은 '삼척동자'는 되지 말아야 합니다. '잘난 척, 있는 척, 아는 척' 하는 사람이 삼척동자입니다.

'잘난 척' 하지 말아야 합니다. 약점이 많은 사람들이 잘난 척합니다.

'있는 척' 하지 말아야 합니다. 빈 수레가 더 요란하다고 했습니다.

'아는 척' 하지 말아야 합니다. 얕은 물이 시끄럽고, 깊은 물은 유유히 흐릅니다.

삼척동자는 '왕따' 당하기 쉽습니다.

📗 성공 비타민

발 끝으로 서 있는 자가 오래 서 있을 수 없듯이 자신을 뽐내는 자는 그 이상으로 자신을 높일 수 없다. – 라 로슈코프

변화의 즐거움 찾기

'카멜레온'을 아십니까?

주변의 환경에 따라 몸 색깔을 바꿀 수 있으며, 양쪽 눈이 360도로 따로 따로 움직이면서 주위를 경계하거나 먹이를 찾는 파충류입니다. 머리는 투구 모양을 한 뿔 모양의 돌기가 나 있고, 긴 혀를 이용해 곤충이 나타나면 재빨리 잡아먹습니다.

이러한 카멜레온의 특성을 빗대어 지금까지는 부정적인 의미로 해석하는 사람들이 많았습니다. 그 한 예가 자신의 이익을 위해 잘 변신하는 사람을 '카멜레온 같은 사람'이라고 합니다.

그러나 지금은 다른 시각으로 해석하는 사람들이 많습

니다. 즉 카멜레온은 생존을 위해서 유연성을 가지고 환경에 적극적으로 변신하는 것으로 보는 견해입니다.

현대는 '지식 정보화시대'라고 합니다. 지식 정보화시대에서의 변화 속도는 농경시대 때 120년이 걸렸던 변화들이 5분 만에 변화된다고 합니다.

'빠른 자(The Faster)'와 '느린 자(The Slower)'가 있습니다. 지금은 환경 변화에 빨리 적응하는 자는 살아남고, 환경 변화에 느린 자는 도태될 수밖에 없습니다.

환경 변화에 빨리빨리 적응하는 능력을 키우십시오. 날마다 한 가지씩 바꾸려는 노력을 하십시오. 변화의 즐거움을 찾는 것이 생존 방법입니다.

성공 비타민

당신이 변하지 않으면, 이미 갖고 있는 것 말고는 아무것도 얻을 수 없다. - 제임스 론

$1:1.6:1.6^2$ 법칙
잊지 않기

세종대왕에 관련된 이야기입니다.

세종대왕이 백성을 위해 밤을 세워가며 일에 몰두하자 부왕의 건강이 걱정된 세자가 이렇게 아뢰었습니다.

"아바마마, 옥체를 보전하면서 일하시옵소서."

그러자 세종대왕이 이렇게 말했습니다.

"세자야, 내 걱정은 하지 마라. 나는 일을 즐기고 있느니라."

일을 하는 데 있어 세 종류의 사람이 있습니다.

첫째는 지지자(知之者)입니다. 일을 머리로 하는 사람입니다. 둘째는 호지자(好之者)입니다. 자기가 하는 일을 좋아하는 사람입니다. 셋째는 낙지자(樂之者)입니다. 자기가 하는 일을 즐기면서 하는 사람입니다.

일을 머리로 하는 사람은 일을 좋아하는 사람을 당할 수 없고, 일을 좋아하는 사람은 일을 즐기면서 하는 사람을 당할 수 없다고 합니다.

즉, 일을 시켜서 하는 경우 능률이 1이라고 한다면, 일을 좋아서 하는 사람은 시켜서 하는 사람보다 1.6배를, 일을 즐기면서 하는 사람은 1.6^2, 즉 시켜서 하는 사람보다 2.56배를 더 해낸다고 합니다.

수동적인 사람은 잘해야 100%밖에 못합니다. 능동적인 사람은 160%를 달성할 수 있습니다. 능동적이고 자발적인 사람은 256%를 달성할 수 있습니다.

자기 일을 즐길 줄 아는 낙지자(樂之者)가 되십시오.

📖 성공 비타민

긍정적이고 생산적인 삶은 자기 자신에게 달려 있다는 사실을 명심하라. - 셜리 매클레인

일을 '놀이'로 즐기기

한 백화점에서 운동기구를 판매하고 있는 판매원이 있습니다. 그녀는 손님이 '비싸요!', '싫어요!' 라고 돌아설 때마다 이상하게 기뻐하는 모습이었습니다. 같은 경우 다른 판매원들은 실망하는 표정이 역력한데 그녀의 얼굴은 환한 모습이었습니다.

그 이유를 물어 보았습니다. 그랬더니 그녀가 이렇게 말합니다. "제 경험상으로 평균적으로 열 명의 손님이 거절을 하면 그 다음 열한 번째 손님은 상품을 구입합니다. 그래서 저는 한 번 거절당할 때마다 이렇게 생각합니다. '이제 아홉 번만 거절당하면 되는구나', 다시 거절당하면 '이제 여덟 번만 거절당하면 되는구나' 하고 속으로 생각합니다. 그러니 거절당하는 것이 오히려 즐거움으로 변하던데요."

자기의 일을 즐길 줄 알아야 합니다. 일을 의무적으로 하는 사람에게는 기쁨이 없습니다. 일이 짐이 되기 때문입니다. 그러나 일을 게임으로 전환하면 일에 대한 스트레스가 오히려 즐거움으로 변합니다.

백화점 판매원의 경우가 그렇습니다. 다른 사람들은 거절이 스트레스인데, 이 사람의 경우는 거절이 오히려 즐거움으로 변한 경우입니다. 스스로 일을 게임으로 바꾸었기 때문입니다.

'하고 싶다'고 생각하는 사람이 '해야만 한다'고 생각하는 사람보다 같은 일, 같은 시간을 일해도 성과가 더 뛰어난 이유가 바로 여기 있습니다.

성공 비타민

어떤 일을 하고 싶어질수록 그것은 더 이상 일이 아니다.
- 리처드 바크

날마다
뻔뻔(Fun-Fun) 해지기

12월 어느 날 아침 08시 30분, 사원들의 출근이 한창일 때의 일입니다. 한 이동통신사 사옥 1층 로비에서 재미있는 이벤트가 하나 벌어지고 있었습니다.

남자들은 음악가 모짜르트 분장을, 여자들은 말괄량이 삐삐 분장을 한 남녀 여섯 명이 출근하는 사원들을 향해 크리스마스 캐롤을 불러주고 있었습니다.

출근길에 활력을 불어넣어 주려고 매주 월, 수, 금 아침에 벌이고 있는 펀(Fun) 경영의 한 이벤트였던 것입니다.

'펀 경영'은 신나는 일터를 만들자는 것입니다. 재미있는 직장을 만들면 직무 만족도가 높아지고 사원들의 이직률도 낮아지기 때문입니다.

직장이든 개인이든 신나는 것을 만들어야 합니다. 펀 리스트를 만들어 보십시오. 내가 하고 있는 일에서 재미있었던 일, 신났던 사건들을 기록해 보는 것입니다. 내가 잘 하는 일, 내가 칭찬 받았던 일들을 기록해 보는 것입니다. 그리고 그것들을 더욱 발전시켜 보는 것입니다.

예를 들면 다른 사람에게 도움을 주었던 일, 다른 사람으로부터 도움을 받았던 일들을 기록해 보는 것입니다. 내가 도움을 주었던 것들은 더욱 발전시켜 내일에도 다른 사람에게 도움을 주도록 하고, 내가 도움을 받은 사람에게는 오늘이 가기 전에 문자 메시지, 이메일 등으로 감사의 마음을 전하는 것입니다.

뻔뻔(Fun-Fun)한 사람이 성공합니다. 뻔뻔한 사람이 스트레스 없이 일을 즐길 수 있습니다.

📖 성공 비타민

자신이 하는 일을 재미없어 하는 사람 치고 성공하는 사람 못 봤다. - 데일 카네기

3장

'꾀'를 찾아라

↳ 아이디어 찾기

대개 성공하는 사람은 노력가이다.
게으름뱅이가 성공하는 것을 보았는가!
노력의 결과로서 오는
어떤 성과의 기쁨 없이는
누구도 성공의 기쁨을 누릴 수 없다.
수확의 기쁨은 그 흘린 땀에
정비례하는 것이다.

- 블레이크

생각의 물구나무 서기

 근대 회화의 아버지라고 불리는 폴 세잔은 늘 같은 자리에서 그림을 그렸습니다.

 어느 날 지나가던 사람이 그에게 왜 만날 똑 같은 그림만 그리느냐고 그에게 핀잔을 주었습니다. 그랬더니 그가 이렇게 말했습니다.

 "같은 곳이라도 시간, 시선, 캔버스의 위치 등에 따라 전혀 다른 그림이 나옵니다."

 그렇습니다. '곰'을 거꾸로 보면 '문'이 됩니다. 똑 같은 것이라 하더라도 보는 시각에 따라 달라지게 됩니다.

 고정관념을 버리면 남들과 다른 생각을 해낼 수 있습

니다.

"얼음이 녹으면 무엇이 될까요?" 이렇게 물으면 대부분의 사람들은 "물이요"라고 대답합니다. 이것이 고정관념입니다.

그런데 한 사람은 이렇게 대답합니다. "봄이 와요!" 그렇습니다. 얼음이 녹으면 정말로 봄이 옵니다. 똑 같은 것을 보더라도 다른 시각으로 보면 새로워집니다. 이것이 생각의 물구나무 서기입니다.

날마다 생각의 물구나무를 서십시오. 물구나무를 서면 세상이 거꾸로 보입니다. 마찬가지로 생각의 물구나무를 서면 인생이 역전됩니다.

항상 같은 시각, 같은 위치에서 바라보지 말고 다른 시각으로 보려는 연습을 하십시오. 다른 시각으로 바라볼 때 모든 것이 새로워집니다.

성공 비타민

아이디어는 당신의 모자 밑에 있다. – 워너 메이커

황당한 '아이디어' 헌팅하기

특허 받은 발명품 중에는 황당한 것들이 많습니다.

'새에게 채우는 기저귀'가 특허를 받았습니다. 발명자는 새를 새장 안에 가두지 않고 집안을 자유롭게 날아다니게 하고자 하는 사람들에게는 꼭 필요한 물품이라고 주장합니다.

'인간 새총 놀이기구'라는 것도 있습니다. 커다란 캡슐에 사람을 넣고 초대형 새총으로 쏘아 올리면 떨어질 때 캡슐이 열리고 낙하산이 펴져 안전하게 착지할 수 있다고 합니다.

'휴대용 냄새 발생기'라는 것도 있습니다. 숲속에서 무서운 맹수를 만나면 스컹크 방귀 냄새를 뿜어 위험을 피할 수 있는 물품이라고 합니다.

모두가 황당하다고 생각되는 발명품들입니다. 말도 안 되는 황당한 생각을 해야 합니다. 남들이 '그것도 아이디어라고 내놓냐?' 하는 말을 하도록 해야 합니다. 이 말도 안 되는 황당한 생각이 '어이디어' 입니다. 어이 없는 생각이죠. 그러나 아이디어는 이러한 황당한 어이디어 속에서 나온다는 사실을 잊어서는 안 됩니다.

처음에는 어이없고 황당한 생각이지만 이것을 이리 보고 저리 보고, 이렇게 생각해 보고, 저렇게 생각해 보면 기발한 아이디어로 발전하게 됩니다.

기발한 아이디어를 찾고 싶으십니까? 그러면 말도 안 되는 황당한 '어이디어'를 찾으십시오.

'어이디어'들이 생각날 때마다 한곳에 메모해 두십시오. 그리고 가끔씩 그것들을 가만히 들여다 보십시오.

어느 순간엔가 기발한 아이디어로 변하게 될 겁니다.

💡 성공 비타민

기회는 어디에나 있다. 다만 그것을 적시에 잡지 못할 뿐이다.
― 카네기

주변 일들을 비틀어 보기

컨베이어 시스템이라는 것이 있습니다.

지금은 자동차 생산 하면 누구나 컨베이어 시스템에 의한 자동화, 대량생산을 떠올리게 됩니다.

헨리 포드가 자동차 대량생산을 가능하게 한 컨베이어 벨트를 만든 것은 우연이었다고 합니다. 우연히 푸줏간에서 고기들이 정돈된 것을 보고 거기서 아이디어를 얻은 것입니다. 푸줏간 고기들이 단계를 거칠 때마다 부위별로 잘려져 보관되는 것을 보고 이것을 자동차 생산에 응용한 것입니다.

그는 자동차 부품을 단계별로 조립해 최종적으로 자동차가 완성되는 컨베이어 벨트 라인을 개발하게 된 것입니다.

아이디어는 고민하는 사람에게만 보입니다. 가만히 앉아 있는데 갑자기 툭 튀어 나오지 않습니다. 고민하고 고민하는 사람, 찾으려고 노력하는 사람에게만 보입니다.

그런 사람들은 주변에서 일상적으로 일어나고 있는 일들도 그냥 지나치지 않습니다. 평상시는 아무 의미 없었던 것들도 고민하는 사람에게는 다르게 보이는 것입니다.

운동경기나 축제에 가면 흔히 볼 수 있는 야광막대가 있는데 반딧불이에서 아이디어를 얻었다고 합니다.

주변의 일들을 비틀어 보십시오. 일상적으로 일어나는 일들 속에 기발한 성공 아이디어들이 숨어 있습니다.

💡 성공 비타민

창의적으로 생각하기 위해서는 무심코 지나치는 것들을 새롭게 볼 수 있어야 한다. - 조지 넬리

'왜? 왜?' 라는 질문 자주 하기

삼성그룹의 한 사장이 들려주는 이야기입니다.

"동기 모임에 가면 지금도 친구들이 이렇게 말합니다. 너는 신입 때부터 괴짜였어. 업무에 대한 것은 차치하고라도 엉뚱한 것들에 대한 질문이 참 많았지. 우리가 보기에는 당연한 것들인데 너는 어느 것 하나 그냥 넘어가지 않더라고. 음료수 하나를 마시더라도 '이게 언제 나왔지? 성분들은 어떤 것들이 있지?' 이런 쓸데 없는 질문들을 참 많이 했어. 시간이 지나고 보니까 오늘의 너를 만든 것은 바로 그 '왜' 라는 질문 습관이더라고……."

'왜 그렇지?' '왜 그렇게 했지?' '왜 이런 현상이 일어났지?' 성공한 사람들은 이런 질문을 많이 합니다.

'넌 참 궁금한 것도 많다.' 주변 사람들로부터 이런 소리를 자주 들어야 합니다. 발명가들은 사소한 것들도 그냥 넘어가지 않습니다. 뜯어보고, 분해해 보고, 다시 조립해 보고 하면서 '왜?'에 대한 궁금증을 풀어간다고 합니다.

조그마한 것, 사소한 것을 보더라도 그냥 넘어가지 마십시오. 궁금증을 가지고 '왜?'라는 질문을 자주 하십시오. '왜?'라는 질문 다섯 번 하면 안 풀리는 문제가 없다고 합니다.

성공 비타민

나는 특별한 재능이 있는 것이 아니고, 단지 굉장히 호기심이 많을 뿐이다. - 아인슈타인

나 홀로
브레인 스토밍 하기

'손수건'을 언제 사용하십니까? 종이 한 장을 꺼내놓고 손수건의 용도를 생각나는 대로 적어 보십시오. 그러면 아마 이런 용도들이 떠오를 것입니다.

"콧물 날 때, 손 닦을 때, 머리 묶을 때, 감기 초기 증상에 목 감을 때, 스카프 대신 머리에 쓸 때, 이별 선물할 때, 벤치에 앉을 때, 짧은 치마 입고 무릎 가릴 때, 상처 부위를 묶을 때, 손수건 돌리는 놀이할 때……."

이처럼 조금만 생각해 보면 손수건의 용도가 한두 가지가 아님을 알게 됩니다.

어떤 일을 하다가 일이 잘 풀리지 않을 때가 있습니다.

특별한 아이디어가 떠오르지 않아 답답할 때가 있습니다. 이럴 때는 잠시 한발 물러나십시오. 그리고 종이 한 장을 꺼내놓고 그림을 그려보십시오.

풀리지 않은 문제를 종이 한 가운데 적어놓고 그림을 그리듯이 생각나는 대로 종이에 적어보는 것입니다. 심각하게 생각할 필요도 없습니다. 너무 깊이 생각할 필요도 없습니다.

머리도 식힐 겸, 그저 생각나는 대로 종이에 적어가는 것입니다. 그리고 이 종이를 눈에 잘 보이는 곳에 붙여두십시오. 그러면 어느 순간엔가 '바로 이거다' 하는 생각이 떠오를 것입니다.

이것이 나 홀로 브레인 스토밍(Brain Storming)하는 방법입니다.

💡 성공 비타민

성공의 비결은 자신의 마인드를 자기가 원하는 것에 집중시키는 것이다. - 클레멘트 스톤

입체적으로 생각하기

 세계적인 엘리베이터 제조회사인 OTIS에서 엘리베이터를 처음 만들었을 때의 일입니다.

 엘리베이터 속도가 너무 느려 이용자들의 불만이 이만저만이 아니었습니다. 엘리베이터의 속도를 빠르게 하려면 시간과 기술 그리고 돈이 많이 들기 때문에 OTIS에게는 굉장한 골칫거리였습니다. 그런데 이 문제를 한 엘리베이터 여성 관리인이 해결하였습니다.

 엘리베이터 안에 '거울'을 붙이자는 제안이었습니다. 그래서 엘리베이터 안에 거울을 붙였더니 이용자는 엘리베이터를 탈 때 자연스럽게 시선이 거울로 향하게 되고, 그 거울을 보는 사이에 어느새 목적 층에 도달하게 되는 것이었습니다.

거울 하나를 붙여 놓음으로써 경비절감과 고객불만을 한꺼번에 해소할 수 있었던 기발한 발상이었습니다.

아이디어는 '낡은 요소의 새로운 조합'이라고 합니다. 조합의 방법을 찾아야 합니다.

먼저 비유의 방법을 찾아보십시오. 속도에 대한 아이디어가 필요하면 세상에서 가장 빠른 것은 무엇인지, 가장 늦은 것은 무엇인지를 찾는 것입니다.

그 다음은 규칙을 깨보십시오. 피카소는 여인의 얼굴을 어떤 식으로 그려야 한다는 규칙을 깼습니다. 베토벤은 교향곡이 어떻게 들려야 한다는 규칙을 깼습니다.

다음 방법은 시각적으로 생각해 보는 것입니다. 색깔을 입혀 보고, 색깔을 바꾸어 보는 것입니다.

평면적을 생각하면 새로운 것이 보이지 않습니다. 입체적으로 생각하는 훈련이 필요합니다.

성공 비타민

지푸라기를 집어 던져보라. 그러면 어느 방향에서 바람이 부는지 알 것이다. - J. 셸던

사방에 메모지 놓아두기

"아이디어는 꼭 메모할 수 없을 때 떠오릅니다."
한 유명한 카피라이터가 하는 말입니다.

기발한 아이디어는 꿈속에서, 화장실에서, 자동차 운전할 때 등 꼭 메모할 수 없을 때 떠오른다는 것입니다.

그래서 그는 잠을 잘 때 항상 침대 옆에 메모할 수 있는 용지와 필기구를 놓아둡니다. 꿈속에서 아이디어가 떠오를 때마다 눈도 떠지지 않는 비몽사몽간에 일어나 메모지에 휘갈겨 써놓고 다시 잠을 잔다는 것입니다.

화장실에도 메모할 수 있는 도구를 항상 비치해 놓습니다. 화장실에서 일을 볼 때 꼭 기발한 아이디어가 떠오르기 때문입니다.

자동차에는 막대 모형의 소형 녹음기를 비치해 놓습니다. 아이디어가 떠오르면 그 녹음기에 대고 중얼중얼거립니다.

누구나 한번쯤 '그게 뭐더라? 뭐더라?' 하면서 아까 생각났던 아이디어를 떠올리느라 고민했던 경험이 있을 겁니다.

기발한 아이디어, 참신한 아이디어였는데 나중에 생각하려고 하면 도무지 떠오르지 않습니다. 아이디어가 떠오르면 그 즉시, 그 자리에서 메모할 수 있어야 합니다.

항상 메모 수첩을 가지고 다니십시오. 생각이 날 때마다 메모하기 위함입니다.

사방에 메모 용지를 놓아두십시오. 생각이 떠오를 때마다 즉시 메모할 수 있게 하기 위함입니다.

메모하는 습관에 따라 아이디어의 생사가 달라집니다.

💡 성공 비타민

아이디어의 90%는 망각이라는 쓰레기통에 버려진다.
- 어니스트 디처

포스트 잇 활용하기

"나는 책을 읽을 때 괜찮은 내용이 있으면 그 페이지에 '포스트 잇'을 붙여 놓습니다. 그러면 다음에 그 내용을 찾는 데 시간이 절약됩니다."

한 대학교수가 하는 말입니다.

그의 책장에 꽂혀 있는 책들에는 포스트 잇이 너덜너덜 붙여져 있습니다. 그리고 그 포스트 잇에는 간단한 메모가 적혀져 있습니다. 그 페이지를 읽을 때 가졌던 생각을 간단하게 적어 놓은 것입니다.

그의 책상 주변에는 포스트 잇이 덕지덕지 붙어 있습니다. 할 일이라든가, 아이디어가 생각날 때마다 간단하게 적어서 붙여 놓은 것입니다. 일을 처리하고 나면 그 포스트 잇은 하나씩 떼어버립니다.

급하고 중요한 일일 경우는 휴대전화에 포스트 잇을 붙여 놓습니다. 수시로 전화를 걸고 받을 때 그 포스트 잇을 보면서 잊지 않게 하기 위한 방법입니다.

'포스트 잇'을 두고 20세기 최고의 발명품이라고 합니다. 포스트 잇을 활용하면 시간관리, 업무관리, 아이디어관리를 효율적으로 하게 됩니다.

일의 순서 관리에 포스트 잇을 활용하십시오. 해야 할 일을 적은 포스트 잇을 일의 우선 순위에 따라 배열하고 한 장씩 떼어내면서 일을 처리하면 업무를 끝내는 성취감이 다르게 됩니다.

아이디어 관리에 포스트 잇을 활용하십시오. 떠오르는 아이디어를 기록할 때, 책을 읽으면서 중요한 곳을 표시하거나 필요한 내용을 정리하는 등 정보관리에 유용한 도구가 포스트 잇입니다.

💡 성공 비타민

중요한 것, 꼭 알아야 할 것, 좋은 아이디어 등을 항상 메모하는 습관을 길러라. - 레오 버넷

자료 스크랩 파일 만들기

 고졸 출신으로서 아이디어 1만 8,000건 제출, 특진 7번을 한 대기업의 임원이 있습니다.

 "나는 하루에 신문을 5개 이상 봅니다. 시간이 남아돌아서 이렇게 많은 신문을 보는 것이 아닙니다. 나는 정말 눈코 뜰새 없이 바쁩니다. 그 바쁜 와중에서도 내가 신문을 5개 이상 보는 것은 오직 한 가지, 아이디어 하나만이라도 얻겠다는 욕심 때문입니다."

 정보 자료 하나만 찾으면 된다는 것이 그가 신문을 보는 목적이라고 합니다. 그는 신문을 볼 때 제목, 주요 기사, 사진, 광고만 빨리 훑고 내려갑니다. 그 중에 중요하다고 생각되는 것에는 빨간 색연필로 표시를 해둡니다.

이 자료들을 스크랩해서 서류 보관 파일에 분야별로 분류해서 보관해두는데 이것이 그가 아이디어 제안왕이 된 비결이라고 합니다.

우리는 지금 정보 홍수 속에서 살고 있습니다. 신문, 인터넷, 책 등에 수많은 정보들이 떠돌아다니고 있습니다.

이제 중요한 것은 '어떻게 얻을 것인가'가 아니라 '어떻게 구별해낼 것인가'가 더 중요한 문제입니다.

여기 저기 흩어져 있는 정보 자료들을 관심 분야별로 구분해서 한곳에 모아두십시오. 그 자료들은 필요할 때 언제든지 요긴하게 활용할 수 있습니다.

스크랩 자료 파일을 만드십시오. 책을 볼 때도, 신문을 볼 때도, 인터넷을 이용할 때도 도움이 될 수 있는 자료들을 한곳에 분류·정리해 놓으십시오.

성공 비타민

나는 머리가 좋은 것이 아니다. 단지 주변에 떠돌아다니는 정보들을 잘 활용할 뿐이다. - 테드 윌리

아이디어 폴더 만들기

 "사방에 널려 있는 아이디어들을 현장에서 포획하십시오." 필자가 항상 강조하는 말입니다. 필자는 강의를 할 때 현장 중심의 아이디어들은 사진이나 그림과 함께 보여주면서 강의를 합니다.

 똑 같은 내용이라 하더라도 현장에서 벌어지고 있는 사진을 보여준다거나 그림을 보여주면 참석자들은 공감대 형성이 급속도로 빨라집니다.

 식당에 가서도, 길거리에 다닐 때도 아이디어를 광(狂)적으로 수집합니다. 식당에 걸려 있는 액자 중에서 인상적인 문구가 있으면 폰카로 찍어 옵니다. 지하철에서 좋은 광고문구가 있으면 폰카로 찍어 옵니다. 그리고 그것들을 노트북에 만들어 놓은 아이디어 폴더에 하나씩 하나씩 저장해 둡니다.

지금 이 순간에도 우리 주변에는 수많은 아이디어들이 널려 있습니다. 그 아이디어들을 잡아서 한곳으로 모아 놓아야 합니다.

지금 쓰고 있는 노트북이나 컴퓨터에 아이디어 폴더를 하나 만드십시오. 그리고 그 폴더에 주변에 뛰어다니는 아이디어들을 잡아다 한곳에서 살게 하는 것입니다.

아이디어 수집은 디카, 폰카를 활용하십시오. 눈에 보이는 것들 중 아이디어가 될 만한 것들은 무조건 찍어 오는 것입니다. 그래서 그것들을 폴더에 저장해 놓으면 필요시 유용하게 활용할 수 있습니다.

주변에서 떠돌고 있는 아이디어들을 한곳에서 살 수 있게 만들어 주는 공간, 그것이 '아이디어 폴더'입니다.

아이디어 뱅커가 되는 방법, 아이디어 폴더에 있습니다.

💡 성공 비타민

취미에는 여러 가지가 있다. 내가 즐겨하는 취미는 정보를 수집하는 일이다. - J.A 랭포드

정보에 '감성' 담기

"내 책상에는 두 권의 노트가 있습니다. 하나는 업무용 다이어리요, 다른 하나는 감성 노트입니다."

한 대기업의 기획담당 상무가 하는 말입니다.

그는 공적인 정보를 기록하는 업무용 다이어리와 사적인 내용을 기록하는 감성 노트를 병행해서 사용한다고 합니다.

업무용 다이어리만 사용하면 시간관리, 업무관리는 효과적으로 진행할 수 있지만, 정보관리, 아이디어관리는 효과적이지 못하다는 것입니다. 그래서 감성 노트를 따로 만들어 사용하고 있다는 것입니다.

매월 한 번 정도는 공연, 전시회, 음악회 등을 가족이나 주변 사람과 같이 관람한 뒤 의견을 나누고 감성 노트에 느낌과 생각을 기록해 놓습니다.

정보에 감성을 담는 습관을 들이십시오.
신문을 보거나, 책을 읽을 때 필요한 정보가 있는 경우 그 부분을 스크랩하거나 복사해서 느낌을 적은 메모와 함께 보관하는 것입니다.
여행을 할 때나 출장을 갔다 오고 난 다음에도 그 느낌과 생각을 메모해서 보관하는 것입니다. 어디를 가든, 무슨 일을 하든 보고 듣고 느낀 것을 감성 노트에 메모해서 보관해 보십시오.
시간이 날 때마다 감성 노트를 한 번씩 읽어 보십시오. 그러면 새로운 느낌을 얻게 됩니다.

💡 성공 비타민

기록해 놓고 잊어 버려라. 그리고 다른 일을 하라. 머리가 좋은 사람들이 하는 행동 습관이다. - 고트세트

쓰레기통 자주 비우기

잡동사니에는 네 종류가 있습니다.

첫째는 쓰지 않는 물건들입니다. 사용하지도 않으면서 괜히 공간만 차지하고 있는 물건들입니다.

둘째는 정리되지 않은 물건들입니다. 정작 사용하려고 하면 어디에 있는지 몰라 찾는 데 에너지만 소비하게 하는 물건들입니다.

셋째는 좋아하지 않는 물건들입니다. 볼 때마다 기분을 상하게 하면서 에너지를 지속적으로 빼앗아가는 물건들입니다.

넷째는 마무리가 제대로 안 된 물건들입니다. 다른 일에 집중하는 것을 방해하는 물건들입니다. 이러한 잡동사니들을 없애야 합니다. 좁은 공간을 효율적으로 사용하고, 일의 능률을 높이려면 쓸데없는 잡동사니들을 없애야 합니다.

마음속의 쓰레기통을 자주 비워주십시오. 그래야 마음속의 공간이 새로이 생기게 됩니다.

실천하지 않는 계획들을 비우십시오. 목표만 세워놓고 3개월 이상 실천하지 못한 계획들을 비워야 합니다. 괜히 마음속의 공간만 차지하고 있으면서 다른 일을 못하게 방해하는 것들입니다.

쌓아놓은 자료들을 버리십시오. 쌓아놓기만 하고 6개월 이상 보지 않는 자료들을 버려야 합니다. 쌓아놓기만 한다고 해서 도움이 되는 것이 아닙니다.

공간만 차지하고 있는 것들을 정기적으로 비우십시오. 그래야 새로운 것들이 들어오게 됩니다.

💡 성공 비타민

어떤 물건을 1년 동안 쓰지 않았다면 그것은 당신의 삶에 있어서 중요하지 않은 것이다. - 리타 엠멋

책에 대한
1:1 원칙 지키기

안중근 의사에 대한 일화입니다.

사형 집행인이 안중근 의사에게 "마지막 소원이 무엇입니까?"라고 물었습니다. 사형 집행 전 사형수의 마지막 소원을 들어주는 것이 관행이었기 때문입니다. 이럴 경우 대부분의 사람들은 술을 마시게 해달라거나 담배를 한 대 피우게 해달라고 합니다.

그러나 안중근 의사는 그런 말을 하지 않았습니다.

"5분만 시간을 주십시오. 책을 다 읽지 못했습니다."

그는 5분 동안 읽고 있던 책의 마지막 부분을 다 읽고 그들에게 고맙다는 인사를 하고 세상을 떠났습니다.

책을 읽는 것은 지식을 얻고자 함이 아닙니다. 책을 통해서 지혜를 얻고자 하는 것입니다. 가장 적은 돈과 시간을 들여 자신의 경쟁력을 키울 수 있는 방법이 바로 독서입니다.

일본 최고 부자 손정의 회장은 "나는 1년 동안 병원에 입원해 있으면서 1만 권의 책을 읽었습니다. 그때 평생 살아갈 자산을 얻었습니다"라고 말했습니다.

성공하고자 한다면 책에 대한 1:1 원칙을 지키십시오. 어떠한 일이 있어도 '하루에 한 페이지 이상' 책을 읽는다는 마음을 잊지 않는 것입니다.

언제 어디서든지 책을 가지고 다니면서 읽으십시오. 지하철에서, 점심시간에, 화장실에서 등 하루 한 페이지 이상 읽는다는 마음만 잊지 않는다면 당신의 경쟁력이 달라질 것입니다.

💡 성공 비타민

살아 있는 한 줄, 곧 사는 법을 배워라. - 세네카

투자 개념으로
책을 구입하기

"월급의 10%는 책을 사는 데 쓰는 것을 제1원칙으로 삼고 있습니다."

한 경제연구소의 수석연구원이 하는 말입니다. 그는 매월 일정액의 금액을 책을 구입하는 데 사용한다고 합니다.

"나는 한 페이지만 도움이 되어도 그 책을 삽니다." 그가 이어서 하는 말입니다. 책을 선택하는 데 있어서 조금만 도움이 되는 부분이 있어도 그 책을 구입한다는 말입니다.

전문가들이 권하는 첫 번째 성공 요건이 있습니다. 그것은 책에 대한 투자입니다. 운동선수들은 연봉의 상당

부분을 체력 보강을 위해서 보약이나 건강보조식품을 구입하는 데 투자한다고 합니다.

책을 구입하는 것도 마찬가지입니다. 운동선수가 체력 보강을 위해서 일정 금액을 보약이라는 것에 투자하는 것처럼 당신의 경쟁력을 보강하기 위해서 일정액을 책에 투자할 줄 알아야 합니다. 가장 적은 금액을 투자해서 가장 큰 성과를 얻을 수 있는 것이 바로 책에 대한 투자입니다.

예를 들어 만 원을 지불하고 책 한 권을 샀다고 합시다. 그것은 단돈 만 원을 투자해서 그 분야의 최고 전문가의 노하우를 몽땅 산 것입니다.

책을 구입하는 것을 투자라고 생각하십시오. 당신의 경쟁력을 위한 투자라고 생각하는 것입니다.

책에 대한 투자는 다다익선(多多益善)입니다.

💡 성공 비타민

나에게 돈이 좀 생기면 나는 책을 산다. 그리고 남은 돈이 있으면 빵과 옷을 산다 – 에라스무스

정기적으로
서점 나들이 가기

'산소방'이라는 것이 있습니다. 대기에서의 산소의 농도는 보통 20%라고 합니다.

산소 농도를 23~30%로 높여서 고농도 산소를 마실 수 있는 편의시설을 제공하는 공간을 '산소방'이라고 합니다. 산소방에서는 수면을 취하는 가운데 자연스럽게 산소를 흡입하면서 몸속에 있는 피로를 풀어주고, 심신의 활력을 되찾게 됩니다.

'산소 캔'이라는 것도 있습니다. 농구 경기를 보다 보면 간혹 선수들이 코로 무엇인가를 흡입하는 장면을 보게 됩니다. 그것이 산소 캔입니다. 산소 농도가 25%인 산소 캔은 실내 공기가 탁한 곳에서 경기하는 운동선수나 저 산소 공간에서 일하는 사람들이 흡입할 경우 심신의 회복에 도움을 주게 됩니다.

대형 서점에 정기적으로 나들이 가십시오. 산소방에서 고농도의 산소를 마시는 것과 같은 방법이 서점에 나들이 가는 것입니다. 산소 캔으로 신선한 산소를 들이마시는 방법이 대형 서점에 나들이 가는 것입니다.

우리는 가끔씩 '산림욕'을 합니다. 숲에서 내뿜는 산소를 마시면 정신이 맑아지고 삶의 새로운 활력을 얻게 됩니다. 대형 서점에 나들이 가는 것은 정신적인 산림욕을 하는 것입니다. 대형 서점에서 놀다 보면 책들이 내뿜는 고농도의 아이디어들로 새로운 활력을 얻게 됩니다. 산림욕장에서는 신선한 공기를, 서점에서는 신선한 아이디어를 얻게 됩니다.

1주일에 한 번, 한 달에 두 번 이상은 대형 서점에 나들이 가는 습관을 들이십시오.

💡 성공 비타민

내가 인생을 알게 된 것은 사람과 접촉해서가 아니라 책과 접하였기 때문이다. - A. 프랜스

경제신문 챙겨 읽기

"지하철을 타보면 체육계나 연예계에 종사하는 사람들이 참 많구나 하는 생각이 듭니다." 한 대기업 사장이 강의를 시작하면서 이렇게 말문을 열었습니다. 지하철을 탄 사람들을 보면 너도 나도 스포츠 신문이나 오락 신문을 열심히 보고 있다는 말입니다.

"국제선 항공기의 1등석 손님들은 모두 경제지를 찾습니다. 반면에 2등석 손님들은 스포츠 신문이나 주간지를 먼저 찾습니다."

관심의 우선 순위가 다르다는 말입니다. 1등석을 타는 사람들은 1차적 관심이 경제입니다. 그래서 그들은 돈을 법니다.

그러나 2등석을 타는 사람들은 부자가 되고 싶어 하면서도 1차적 관심은 경제가 아니라 재미나는 기삿거리들입니다.

경제의 흐름을 읽을 줄 알아야 합니다.

"하루라도 책을 읽지 아니하면 입안에 가시가 돋친다.' 안중근 의사가 한 말입니다. 이 말을 바꿔 말하면 '하루라도 경제신문을 읽지 않으면 생활에 가시가 생긴다' 라는 말입니다.

성공한 사람들은 경제 흐름에 대해 밝습니다. 그들은 날마다 경제신문을 주의 깊게 읽습니다. 그러기에 경제 흐름을 꿰뚫고 있어 남보다 앞서 가게 됩니다.

날마다 경제신문을 챙겨 읽으십시오. 경제 흐름을 알아야 성공할 수 있습니다.

성공 비타민

성공은 세상이 어디로 가고 있는지를 알고 있는 사람에게 길을 열어준다. - 데이비드 조던

교육은 돈 주고 참석하기

부산에 있는 한 기업 교육장에서 있었던 일입니다. 강의장 입구에서 강의장에 들어오는 직원들로부터 봉투를 하나씩 받는 것이었습니다. 마치 예식장에서 하객들로부터 축의금을 받는 것처럼 …….

그래서 교육 진행자에게 농담 삼아 이렇게 질문을 했습니다. "지금 축의금 받는 것입니까?" 그랬더니 교육 진행자가 그렇다는 것이었습니다. 교육 참석자들에게 점심값을 받고 있다는 것이었습니다. 강좌를 열어 주고, 외부 강사를 초청하는 비용은 회사에서 부담한다 하더라도 점심값만큼은 본인들이 내고 참석한다는 것이었습니다.

교육은 돈을 내고 참석하십시오. 교육에 참석할 때 돈

을 내고 참석하는 것을 아까워 하지 마십시오. 자기 자신을 위한 투자입니다.

돈을 내고 교육에 참석하는 것과 공짜로 참석하는 것은 그 효과 면에서 하늘과 땅의 차이가 납니다. 단돈 천 원이라도 교육비를 내고 교육에 참석하면 그 투자한 돈만큼 얻어가려고 적극적으로 교육에 참석하게 됩니다. 무엇인가 하나라도 얻어가야 한다는 마음이 간절해집니다.

그러나 공짜로 참석하는 경우는 그렇지 않습니다. 즉 구경꾼이 된다는 말입니다. 그렇다 보니 교육에 참여하는 태도가 그만큼 적극적이지 못하게 됩니다.

교육의 기회가 있으면 적극적으로 참석하십시오. 돈을 내고서라도 교육은 적극적으로 참석하십시오.

성공 비타민

교육의 기회가 주어지면 어디든지 찾아가라. 가서 하나만 건진다면 그것으로 족하다. – 드러먼드

휴식의 의미 찾기

 '열심히 일한 당신 떠나라!' 모 카드회사의 광고 카피입니다. 그동안 열심히 일했으니 재충전을 위해서 어디론가 떠나라는 말입니다.

 에디슨이 말했습니다. "나는 발상의 벽에 부딪치면 해변이나 강가로 나가 낚싯줄을 드리웁니다. 파도와 바람 그리고 햇볕으로부터 아이디어를 낚을 수 있기 때문입니다."

 영국의 수상 처칠은 "내 활력의 근원은 낮잠입니다. 낮잠을 자지 않는 것은 뭔가 부자연스러운 삶을 살고 있는 것입니다" 라고 말했습니다.

 휴식은 쉬는 것이 아닙니다. 2보 전진을 위한 1보 후

퇴'라는 말이 있습니다. '움츠린 개구리가 더 멀리 뛴다'고 했습니다. 휴식이란 재충전의 시간입니다.

휴식은 네 가지 알(4R)을 만들어 냅니다.

첫째는 물러나기(Retreat)입니다.

한 걸음 비켜서보는 것입니다. 그러면 일에 파묻혀 볼 수 없었던 것을 보게 됩니다.

둘째는 원기회복(Refresh)입니다.

지친 몸과 마음을 푹 쉬게 하는 것입니다. 이렇게 회복한 에너지는 새로운 출발의 원동력이 됩니다.

셋째는 뒤돌아보기(Reflect)입니다.

시간의 여유를 가지면서 천천히 자신을 돌아보는 반성의 기회를 갖는 것입니다.

마지막으로 재생산(Recreate)입니다.

휴식은 잠시 일에서 벗어나는 일탈이지만, 창조의 또 다른 영감을 제공하는 시간입니다.

가끔씩 휴식의 시간을 만드십시오.

🔋 성공 비타민

휴식이란 회복이지 아무것도 하지 않는다는 것은 아니다.
― 다니엘 W. 조세린

4장

'깡'을 키워라

↘ 경쟁력 키우기

결코 양보하지 말라.
결코 굴하지 말라,
결코, 결코, 결코.
위대한 것이든 사소한 것이든
커다란 것이든 시시한 것이든
결코 굴복하지 말라.

- 윈스턴 처칠

경쟁력 있는 나이 먹기

흔히들 나이 35세를 일컬어 '꺾어진 70' 이라고 합니다.

사람들은 35세가 되면 자기가 하는 일에 민감해집니다. 서른 다섯 살이 되면 주변 친구들과 자신을 비교하면서 초라하게 느끼는 경우가 많다고 합니다. 그래서 30대 중반이면 누구나 한번은 전직의 열병을 앓게 됩니다. 지금 일을 바꾸지 않으면 평생을 '이 모양, 이 꼴'로 살아야 한다는 생각 때문에 전직을 생각하게 됩니다.

30대 중반까지를 첫 번째 경력(First Career)을 쌓는 시기라고 한다면, 30대 중반은 평생직업이 될 만한 두 번째 경력(Second Career)을 선택하는 시기입니다.

그러나 대부분의 사람들은 전직하고자 하더라도 박차

고 나오지 못합니다. 나이만 먹었을 뿐이지 나만의 차별화된 경쟁력을 만들지 못했기 때문입니다.

사람들은 누구나 여섯 가지 나이를 먹습니다.
시간과 함께 먹는 '세월의 나이'
육체적으로 먹는 '신체의 나이'
정신 상태에 따라 느껴지는 '정신적 나이'
사회 활동에 따른 '경륜의 나이'
경쟁력을 키워가는 '열정의 나이'
그리고 빈둥빈둥 놀고 먹는 '백수의 나이'

세월의 나이, 신체의 나이에는 경쟁력이 없습니다. 더욱이 '백수의 나이'에는 희망이 없습니다.

30대 중반이 되기 전에 경쟁력을 만들어야 합니다. 경륜의 나이, 열정의 나이를 먹어야 합니다. 그래야 경쟁력을 키울 수 있습니다. 나이를 먹을 때마다 경쟁력이 달라져야 합니다.

🌵 성공 비타민

인생은 흘러가는 것이 아니라 채워가는 것이다. 하루하루를 내가 가진 것으로 채워가는 것이다. – 러스킨

1막 1장 주인공 되기

한 식당에 이런 액자가 하나 걸려 있었습니다.

우리네 인생은 일백 살을 살아야 36,500일

구십 살을 살면 32,850일,

팔십 살을 살면 29,200일

칠십 살을 살면 25,550일

육십 살을 살면 21,900일입니다.

이 짧은 인생, 우왕좌왕하며 살기에는 시간이 너무 부족합니다. 이 짧은 인생, 허송세월하며 보내기에는 시간이 너무 아깝습니다.

백 살 하면 굉장히 장수하는 것 같은데 이를 날짜로 계산해 보니 36,500일밖에 되지 않습니다. 그런데도 우리는 백 살은커녕 팔십 살도 살지 못합니다. 날짜로 따지면 29,200일도 못 산다는 말입니다.

우리 인생을 두고 1막 1장이라고 합니다. 인생에는 리허설도 없고, 앵콜 공연도 없다고 합니다. 오늘을 최선을 다해 살아야 하는 이유가 바로 여기에 있습니다.

나는 무대에 선 배우라고 생각하십시오. 나를 지켜보고 있는 주변 사람들은 내 인생을 지켜보는 관객들입니다. 그들 앞에서 혼신의 힘을 다하는 공연으로 멋진 갈채를 받아야 하지 않을까요?

하루 하루를 1막 1장을 공연하는 배우의 정신으로 살아야 합니다.

🌵 성공 비타민

오늘 살아 있는 삶을 살아라. 삶이란 연습이 아니다. - 호레스만

하루하루의
부가가치 만들기

날이면 날마다 술을 마시는 사람이 있습니다. 그에게 왜 그렇게 날마다 술을 마시냐고 물었더니 그 사람이 이렇게 대답합니다.

월요일 : 원(월)래 술 마시는 날,
화요일 : 화가 나서 마시는 날
수요일 : 수도 없이 마시는 날
목요일 : 목이 컬컬해서 마시는 날
금요일 : 금방 마시고 또 마시는 날
토요일 : 토할 때까지 마시는 날
일요일 : 일일이 찾아다니면서 마시는 날
시중에 떠도는 유머 중의 하나입니다.

술고래에게도 날마다 술을 마시는 이유가 있다는 말입니다.

그러면 당신은 날마다 어떻게 살고 있습니까? 하루 하루에 삶의 의미를 만들어야 합니다.

월요일 : 월 목표를 점검하는 날

화요일 : 화끈하게 봉사하는 날

수요일 : 수도 없이 칭찬하는 날

목요일 : 목이 아프도록 자랑하는 날

금요일 : 금주의 성과를 점검하는 날

토요일 : 토양 조성을 위해 인맥 관리하는 날

일요일 : 일주일을 준비하는 날

하루 하루가 의미 있는 날들이어야 합니다. 아무 의미 없이 보낸 날들은 죽은 날들입니다. 의미가 다르면 삶의 가치도 달라집니다.

🌵 성공 비타민

하루 하루가 재미있고, 즐겁고, 만족스런 날로 기억되지 않는다면 그날은 잃어버린 것이다. - D. 아인하우러

오늘의 3대 뉴스 만들기

"나는 지금도 매일 하고 있는 게 하나 있습니다. '오늘의 3대 뉴스 만들기' 입니다."

억대 연봉을 받고 있는 한 세일즈맨이 하는 말입니다. 그는 매일 저녁 퇴근하기 전에 종이 한 장을 꺼냅니다. 그리고 그 종이 가운데에 선을 하나 그어 놓고 좌측에는 '베스트(Best) 3' 이라고 적고, 우측에는 '워스트(Worst) 3' 이라고 적습니다.

'베스트 3' 에는 오늘 있었던 일 중에서 좋았던 일, 기뻤던 일들을 적습니다. '워스트 3' 에는 안 좋았던 일, 실망했던 일들을 3가지 이상씩 적습니다. 적을 것이 없을 경우에는 만들어서라도 최소한 3가지씩을 적는다고 합니다. 매일 이렇게 했더니 하루 활동에 대한 정리가 명확해지더라는 것입니다.

하루 일과를 정리할 때 구체적으로 정리하는 습관을 들여야 합니다. 대부분의 사람들을 감각적으로 접근합니다. 머리 속에 대충 정리하고 마는 것입니다.

그러나 성공하는 사람들은 체계적으로 접근합니다. 종이에 적어가면서 구체적으로 결과를 정리합니다. 잘한 것은 그 결과를 적으면서 더 발전시켜 나가고, 잘못한 것은 그 원인을 찾아서 다시 시행착오를 겪지 않게 합니다.

날마다 퇴근하기 전 '베스트 3'을 적어 보십시오.

처음에는 적을 것이 없을 경우도 있을 겁니다. 그러면 일부러 만들어서라도 적으십시오.

이 작업을 3개월 정도 지속적으로 하면 날마다 좋은 일들만 생기게 됩니다.

성공 비타민

하루를 유익하게 보낸 사람은 하루의 보물을 파낸 것이다.
– 앙리 아미엘

내일 할 일 오늘 정하기

100m 달리기의 승패는 출발에 달려 있습니다. '땅' 하는 총소리와 함께 누가 빨리 출발하느냐에 따라 1등 여부가 갈라집니다. 그래서 100m 육상선수들은 스타트를 빨리 하기 위해서 순발력을 키우는 연습을 집중적으로 하고 있습니다.

우리의 하루도 100m 달리기와 마찬가지입니다. 하루를 시작하는 아침 시간에 '땅' 하는 소리와 함께 누가 빨리 출발하느냐에 따라 경쟁력이 달라집니다.

"저는 내일 아침 입을 옷을 저녁에 미리 정해 놓고 잡니다. 그러면 아침 출근시간에 무엇을 입을까 하고 고민하는 시간이 적어집니다. 또 한 가지, 내일 할 일을 퇴근하기 전에 미리 적어 놓고 퇴근합니다. 그러면 아침에 '무슨 일을 해야 할까' 하고 고민하는 시간이 그만큼 절약 됩니다." 대기업의 한 임원이 하는 말입니다.

이것이 출발을 빨리 하기 위해 순발력을 키우는 방법입니다.

성공하는 사람들은 퇴근하면서 내일 할 일들을 책상 위에 적어 놓고 퇴근합니다. 내일 할 일들을 오늘 미리 생각하는 습관을 들인 것입니다.

한 주간 해야 할 일은 일요일에, 하루 해야 할 일은 전날 저녁에 정하는 습관이 남들보다 빨리 출발하는 비결입니다. 이것이 하루 24시간을 25시간으로 활용하는 방법입니다.

내일 할 일들을 미리 생각하는 습관을 들이십시오. 출발이 빠르면 그만큼 앞서갈 수 있습니다.

🌵 성공 비타민

시간을 올바로 사용하기만 하면 언제든지 시간은 넉넉한 법이다. - 괴테

아침시간을 경영하기

5:55

"제가 자명종 없이도 매일 아침 눈을 뜨는 시각입니다." 한 벤처기업 사장의 말입니다.

그는 눈을 뜨면 제일 먼저 디지털 시계의 5:55라는 시각 표시를 보게 된다고 합니다. 그는 555 숫자를 보면서 Go, Go, Go를 떠 올리게 되고 '오늘도 적극적으로 나아가자' 라는 생각을 갖게 된다고 합니다.

그가 사무실에 도착하는 시간은 7시. 이때부터 그의 하루 업무는 시작됩니다. 9시에 시작하는 다른 사람들보다 두 시간을 일찍 시작하는 것입니다.

"7시만 되면 출근길 엄청나게 밀리잖아요. 집에서 한

시간만 일찍 나오면 하루 두 시간을 벌 수 있어요."

한동안 유행했던 말 중에 '아침형 인간'이라는 말이 있었습니다. 일찍 자고 일찍 일어나 아침시간을 활용하는 사람을 말합니다.

이와 반대 되는 개념으로 '저녁형 인간'이라는 말도 있습니다. 저녁시간을 즐기면서 저녁 늦게 자는 사람을 말합니다.

아침형은 성취형이고 저녁형은 자유형이라고 합니다.

성공하는 사람들 중에는 아침형이 많습니다. 빌 게이츠, 고 정주영 회장의 기상 시간은 새벽 3시, 전형적인 아침형 인간입니다.

새벽을 깨우십시오. 그러면 당신의 인생도 깨어납니다. 당신의 아침을 경영할 줄 알아야 합니다.

🌵 성공 비타민

새벽은 새벽에 눈뜬 자만이 볼 수 있다. 눈을 뜨지 않으면 여전히 깜깜한 밤일 뿐이다. - 김수덕

시작 5분, 마지막 5분 집중하기

축구에서는 경기 시작 5분, 경기 종료 5분을 조심해야 한다고 합니다. 경기 시작 5분은 조직 정비가 안 된 상태여서 골을 먹기 쉽고, 경기 종료 5분은 집중력과 체력이 떨어져서 골을 먹기 쉽기 때문입니다.

지난 독일 월드컵 경기에서도 이 사실은 여실히 증명되었습니다. 경기 시작 5분과 경기 종료 5분 사이에 무서운 집중력을 나타낸 팀은 웃었고, 방심하거나 체력이 떨어진 팀은 울면서 그라운드를 나와야 했습니다.

전체 경기 시간 90분의 5.5%에 불과한 이 시간에 이처럼 승자와 패자가 갈리는 것은 그만큼 처음 시작 5분과 경기 종료 5분은 집중력과 체력이 중요하다는 말이기도 합니다.

처음 시작 5분과 마지막 5분의 중요성은 우리의 하루 활동에서도 그대로 나타납니다. 처음 시작을 어떻게 하느냐, 마지막 마무리를 어떻게 하느냐에 따라 우리의 경쟁력이 달라집니다.

업무를 시작하기 전 5분에 집중하십시오. 하루의 계획을 세우는 시간입니다. 오늘 해야 할 일들을 구체적으로 정하는 시간입니다.

퇴근하기 전 5분을 집중하십시오. 하루 성과를 정리하고, 내일 일을 준비하는 시간입니다.

성공하는 사람들은 Plan(계획), Do(실천), See(검토)를 시스템적으로 운영합니다. 업무 시작 전 5분에 집중하는 것이 Plan(계획)입니다. 퇴근하기 전 5분에 집중하는 것이 See(검토)입니다. 하루 성과를 검토, 반성하는 것입니다.

🌵 성공 비타민

시작하는 재주도 위대하지만, 마무리짓는 재주는 더욱 위대하다. – H.W 롱펠로

출퇴근 시간
200% 활용하기

출퇴근 시간을 유용하게 보낼 수 있는 가지가지 아이디어들이 등장하고 있습니다. 우리나라에도 앞으로 이런 버스가 있었으면 좋겠다는 생각이 듭니다.

브라질 리우데자네이루에 출퇴근 시간에 건강 관리를 할 수 있는 '출퇴근 헬스 버스'가 등장했습니다.

이동식 버스 헬스클럽인 이 버스는 출퇴근용 버스에 자전거 운동기구를 장착, 무료한 출퇴근 시간에 운동을 즐길 수 있게 만든 것입니다. 버스에는 자전거 운동기구 및 냉장고, 탈의실이 갖추어져 있는 것은 물론 전문 강사까지 탑승해 승객들의 효율적인 운동을 지도합니다.

출퇴근을 하면서 운동도 즐길 수 있어 일석이조의 효

과를 얻게 됩니다.

 출퇴근 시간을 유용하게 활용할 수 있어야 합니다. 한 조사기관의 보고서에 따르면 직장인들이 출퇴근 시간에 버스나 지하철에서 보내는 시간은 2.6년이라고 합니다. 그러나 출퇴근 시간에 지하철이나 버스 승객들 중 70%는 잠을 잔다고 합니다. 그들에게는 출퇴근 시간이 죽은 시간입니다.

 출퇴근 시간을 '죽은 시간' 으로 만들지 마십시오. 관심 분야 책을 읽어도 좋습니다. 신문을 읽어도 좋습니다. 음악을 들어도 좋습니다. 문자 메시지를 보내도 좋습니다.
 출퇴근 시간을 잘 활용하면 하루가 길어집니다.

성공 비타민

평범한 사람은 시간을 소비하는 것에 마음을 쓰고, 재능 있는 사람은 시간을 이용하는 것에 마음을 쓴다. – 쇼펜하우어

골든 타임 만들기

작가 이외수는 글을 쓸 때 방문을 뜯어낸 자리에 감옥 철문을 달고 그 방으로 들어가, 아내에게 밖에서 문을 잠그게 한 뒤 절대 열지 말라고 해놓고 스스로 '그곳에 갇혀서' 글을 쓰는 것으로 유명합니다.

빌 게이츠는 1년에 두 번 '생각 주간(think week)'을 정해 놓고 그 기간 동안 업무와 완전히 떨어져서 혼자만의 시간을 갖습니다. 혼자서 사업 구상에 몰입한다고 합니다.

대기업의 한 임원의 사무실 문에는 매일 아침 8시~9시에는 빨간 푯말이 붙어 있습니다.

집중 근무시간이니 아무도 접근하지 말라는 표시입니

다. 그는 중요 결정의 80%를 이 시간에 처리한다고 합니다. 자기관리와 시간관리에 집중하고 있는 사례들입니다.

'골든 타임(Golden Time)'이라고 합니다.

가장 좋은 시간, 가장 중요한 시간이라는 말입니다. 하루 일과 중 업무를 집중적으로 처리하는 골든 타임을 만드십시오. 이 시간에는 혼자서 고도의 집중력을 발휘하는 시간입니다. 중요한 일, 먼저 처리해야 할 일들을 집중적으로 처리하는 시간입니다.

이 시간에는 다른 사람의 방해를 받아서는 안 됩니다. 이 시간에는 전화 받는 등의 이유로 일의 흐름이 끊겨서도 안 됩니다.

업무를 집중적으로 처리하는 시간을 만드십시오. 그리고 그 시간을 '집중 근무시간'이라는 푯말 등으로 다른 사람들이 알게 하십시오. 그래야 방해를 받지 않습니다.

🌵 성공 비타민

승자는 시간을 관리하며 살고, 패자는 시간에 끌려 산다.
— J. 하비스

시간을 돈으로 계산하기

'초 관리운동', '사력 0.01운동' 등으로 유명한 삼원정공이 있습니다. 볼펜에 들어가는 간단한 스프링을 만들던 회사가 지금은 자동차, 휴대폰 같은 첨단제품에 들어가는 스프링까지 생산하는 스프링 전문 기업으로 성장하였습니다.

이 회사에서 전개했던 '초 관리운동'은 가장 작은 단위의 시간을 관리하는 운동입니다. 낭비하는 시간을 없애자는 운동으로 연봉을 시간 단위, 분 단위, 초 단위로 쪼개서 돈으로 계산합니다.

예를 들면 담배 한 대 피우는 데 5분의 시간이 소요되므로 담배 한 대 피우는 데 2,200원, 커피 한 잔 마실 때

10분이 소요되는 경우 커피 한 잔 마시는 시간은 4,500원 등으로 계산합니다. 시간을 돈으로 계산했더니 1분, 1초를 아끼게 되었다는 것입니다.

"당신의 한 시간은 얼마입니까?"

한 달 중 주말을 제외하고 22일 동안, 점심시간을 빼고 하루 8시간 근무한다고 하면 총 근무시간은 176시간입니다. 월급이 300만 원이라고 한다면 시간당 17,045원을 버는 것입니다.

퇴근 후 자신만이 가질 수 있는 시간이 대개 3시간이라고 하는데 시간으로 따지면 51,135원입니다.

당신은 5만 원이 넘는 돈을 그냥 버릴 것입니까?

시간을 돈으로 계산하는 습관을 가져야 합니다. 시간을 돈으로 계산하면 낭비하는 시간이 줄어듭니다. 허송세월 하는 시간이 없어집니다.

성공 비타민

시간은 돈이라는 것을 기억하라. - 벤저민 프랭클린

마감 시간
정해 놓고 일하기

 '파킨슨의 법칙'이 있습니다. 영국의 사회경제학자인 파킨슨이 발견한 법칙인데, 어떤 일에 대한 마감 시간이 주어지면 딱 그 시간에 맞추기 위해 시간을 질질 끄는 것을 말합니다.

 예를 들어 1통의 편지를 쓸 시간으로 하루를 주면 실지로 편지를 1통 쓰는 데 하루가 걸린다는 것입니다. 안경 찾는 데 1시간, 편지 쓸 내용을 생각하는 데 1시간 30분, 어떤 편지지에 쓸 것인가 정하는 데 1시간, 봉투 사러 가는 데 1시간 등 편지 한 통 쓰는 데 하루 종일 걸린다는 것입니다. 그러나 30분 내에 편지를 붙여야 한다고 한다면 그 시간 내에 그 일을 마칠 수 있다는 것입니다.

이처럼 주어진 시간이 많으면 쓸데 없이 일들이 느슨해진다는 것이 파킨슨의 법칙입니다.

무슨 일을 하든지 마감 시간을 정해 놓고 일하는 습관을 들여야 합니다. 마감 시간 내에 일을 여유 있게 처리하는 사람은 10명 중 1명 정도밖에 안 됩니다. 마감 시간에 쫓겨 겨우 처리해내는 사람도 3명 정도밖에 안 됩니다. 10명 중 6명은 마감 시간도 맞추지 못하면서 쩔쩔매고 있다고 합니다.

모든 일에는 마감 시간을 정해 놓고 하십시오.

오전에 끝내야 하는 일, 오후에 끝내야 하는 일, 저녁까지 끝내야 하는 일 등으로 하루를 3등분으로 나누어 일을 하십시오.

목표 달성에 마감 시간을 정해 놓으십시오. 몇 월 며칠까지 끝낸다는 식으로 말입니다.

성공 비타민

지금 해야 할 일을 뒤로 미루는 것은 시간, 돈, 기회의 낭비이다. - 릭 워렌

자투리 시간 조각 모으기

 사용하고 있는 컴퓨터의 속도가 느려지는 경우가 있습니다. 이럴 경우 컴퓨터의 성능을 개선시키는 방법의 하나로 디스크 조각 모음을 합니다. 디스크 조각 모으기는 여기 저기 흩어져 있는 파일들을 하나의 공간에 재배열함으로써 컴퓨터의 속도가 빨라지게 해줍니다.

 시간 활용에 있어서도 조각 모음을 할 때가 있습니다. 여기 저기 흩어져 있는 자투리 시간들을 효율적으로 활용하는 것이 자투리 시간 조각 모으기입니다.

 만약 5분, 10분, 15분의 자투리 시간이 생겼다면 어떻게 하겠습니까?

 5분 동안에는 친구에게 안부 전화하기, 문자 메시지

보내기, 메모하기 등을 할 수 있습니다.

10분의 자투리 시간에는 이메일 답장하기, 스케줄 수정 보완하기, 산책하며 머리 식히기, 신문 훑어보기 등을 할 수 있을 겁니다. 15분의 자투리 시간에는 간단한 미팅하기, 책읽기, 인터넷 정보 검색하기 등이 있습니다.

하루 24시간은 누구에게나 똑같이 주어졌습니다. 그러나 자투리 시간을 어떻게 활용하느냐에 따라 누구에게는 하루가 23시간이 될 수도 있고, 누구에게는 하루가 25시간이 될 수도 있습니다.

자투리 시간을 모으십시오. 이것이 하루를 25시간, 1년을 53주로 만드는 방법입니다.

🌵 성공 비타민

누구나 바쁘기는 쉽다. 그러나 효과적이기는 대단히 어렵다.
― 알렉 맥킨지

'원츠맨'으로 살아남기

부도를 낸 한 중소기업 사장을 만났습니다. 그가 하소연하듯이 이렇게 말합니다.

"분명히 대박날 줄 알았습니다. 그런데 도대체 상품이 팔리지가 않습니다."

그는 고객의 니즈(Needs)만을 보았습니다.

이런 상품이 있으면 고객이 필요로 할 것이라고 생각하고 상품을 만들었다는 말입니다. 그러나 상품은 팔리지 않았습니다. 고객이 원하지 않았기 때문입니다.

즉 고객의 원츠(Wants)를 보지 못했다는 말입니다. 두 가지 용어가 있습니다.

하나는 니즈(Needs)입니다. 필요로 하는 것이 니즈

(Needs)입니다. 다른 하나는 원츠(Wants)입니다. 갖고 싶다는 욕구를 느끼는 것이 원츠(Wants)입니다.

상품은 니즈에 의해서 팔리는 것이 아니라 원츠에 의해서 팔린다는 사실을 잊지 말아야 합니다.

사람도 마찬가지입니다. 두 종류의 사람이 있습니다.

한 사람은 필요로 하는 사람입니다. 이 사람은 아쉬울 때는 필요로 하겠지만 다른 대체 인력이 나타나면 도태되고 맙니다.

다른 한 사람은 원하는 사람입니다. 이 사람이 아니면 안 되는 사람입니다. 다른 누구도 그를 대체할 수 없는 사람입니다.

당신은 어떤 사람입니까? 필요로 하는 사람입니까, 아니면 원하는 사람입니까? 자기계발을 게을리하지 마십시오. 자기만의 주특기 만들기에 집중하십시오. 사람도 니즈가 아니라 원츠에 의해서 선택됩니다.

🌵 성공 비타민

무엇을 아는 것보다는 무엇을 할 수 있는 능력이 중요하다.
— 피터 드러커

나의 장점 극대화하기

 우리는 두 개의 눈을 가지고 있습니다. 그런데 그 두 개의 눈이 똑 같은 역할을 하는 게 아니라고 합니다.

 두 눈 중 하나의 눈이 주가 되어 사물을 보고 다른 한쪽 눈은 보조의 역할을 합니다. 이렇게 사물을 보는 데 있어서 더 많은 역할을 하는 눈을 주시라고 합니다. 주시는 사람마다 다르게 나타납니다.

 주시가 오른쪽 눈인 경우 사물을 볼 때 오른쪽 눈을 주로 사용하고, 주시가 왼쪽이면 왼쪽 눈을 자주 사용합니다.

 멀리 있는 사물을 정해 놓고 손가락으로 원을 만들어 그 목표물을 원 가운데 둔 채 한쪽 눈을 감고 번갈아 보면 목표물이 보이는 눈이 주시입니다. 사격선수의 경우 주시를 찾아내는 것이 매우 중요합니다.

성공하고자 한다면 먼저 주시를 찾아야 합니다. 사람은 누구나 장점과 단점을 동시에 가지고 있습니다. 여기에서 장점을 찾아 그 장점을 집중 개발하는 것이 바로 주시를 찾는 것입니다.

종이를 두 장 꺼내십시오. 한 장에는 장점을, 다른 한 장에는 단점을 생각나는 대로 각각 10개씩 적으십시오. 그리고 나서 단점을 적은 종이는 책상 속에 집어 넣고, 장점을 적은 종이는 잘 보이는 곳에 붙여 두십시오.

사격선수는 주시를 정확하게 알아야 합니다. 내가 성공하려면 나의 주시 즉, 장점을 찾아내서 그 장점을 극대화시켜야 합니다.

🌵 성공 비타민

자신의 약점을 바꾸기 위해 고민하지 마라. 그것보다 강점을 강화시키는데 전념하는 것이 성공의 지름길이다. - 마크 매코맥

가장 잘하는 것에 '올인' 하기

한진그룹 하면 제일 먼저 떠오르는 것이 '육·해·공 물류수송 전문그룹'이라는 이미지입니다.

하늘에서는 대한항공, 바다에서는 한진해운, 땅에서는 ㈜한진이 각각 물류수송을 전문적으로 하고 있습니다.

'모르는 사업에는 손대지 말라.'

한진그룹 조중훈 창업주의 좌우명입니다. 이는 다시 말하면 '가장 잘하는 일만 하라'는 말이기도 합니다. 이러한 신념에 따라 그는 반백 년이 넘도록 오직 수송 외길만 걸어 왔습니다. 가장 잘하는 것 '수송 외길' 한 가지에 올인함으로써 하늘과 바다와 땅의 길을 뚫었습니다. 즉 한진그룹을 세계적인 물류수송 전문그룹으로 만든 것입니다.

'핵심 역량'이라는 용어가 키워드로 등장하고 있습니다. 핵심 역량이라는 말은 자기가 가장 잘하는 것을 말합니다. 남들이 모방하지 못하는 것을 말합니다.

먼저 자기가 가장 잘하는 것을 찾으십시오. 남들보다 우위에 있는 것을 찾으십시오. 그리고 그것에 모든 역량을 올인하십시오. '올인' 한다는 것은 가진 것을 모두 건다는 말입니다. 옛말에 '넓으면 약하다' 라는 말이 있습니다.

힘을 분산시키면 안 됩니다. 생각을 분산시키면 안 됩니다. 이것 하면 어떨까, 저것 하면 어떨까 이런 식으로 생각이 왔다 갔다 하면 안 됩니다. 실패하는 사람들이 이런 식으로 행동합니다.

성공하는 사람은 꿈과 생각과 행동을 한곳에 올인합니다. 자기가 가장 잘 하는 것에…….

🌵 성공 비타민

정해진 시간을 한 가지 방향으로만 사용하고 한 가지 목표에만 집중하는 사람이 성공한다. - 에디슨

위기 감지 안테나 높이 세우기

"잘 나갈 때 긴장해야 합니다."

롯데그룹 신격호 창업주의 말입니다. 걱정이 없을 때 편안함에 빠지지 말고, 즐기는 일에 빠지지 말라는 뜻입니다. 현재 하는 일이 잘 되고 있다고 해서 방심하거나 긴장의 끈을 놓지 말라는 말입니다.

"배가 강의 한복판에 다다른 뒤에야 물이 새는 것을 고치려 한다면 그때는 이미 늦습니다." 방심하다가는 큰 위기를 맞게 된다는 말입니다. 좋을 때나 나쁠 때나 나는 항상 외줄타기를 하고 있다고 생각해야 합니다. 외줄타기를 할 때는 방심하면 안 됩니다. 외줄타기를 할 때는 항상 긴장하고 있어야 산들바람과 같은 미세한 변화에도 위기를 감지하고 중심을 잡을 수 있습니다.

'이노베이션(Innovation)'이라는 말이 있습니다. 보통 '혁신'이라고 하는데 새로운 방법이 도입되어 획기적인 국면으로 전환되는 것을 이르는 말입니다.

'리모델링(Remodeling)'이라는 말이 있습니다. 낡고 오래된 것을 현대감각에 맞게 최신 유행 구조로 바꾸어 주는 개보수 작업을 말합니다.

잘 나갈 때 자신을 '이노베이션' 하십시오. 잘 나갈 때 자신을 '리모델링' 하십시오. 지금은 스피드 시대입니다. 빠른 속도로 기술과 환경이 변하는 시대이다 보니 잠시 머뭇거리는 순간에, 잠시 한눈 파는 순간에 변화의 흐름을 놓치기 쉽고, 그러다가는 경쟁력이 떨어지고 위기를 맞게 됩니다.

잘 나갈 때 더 공부해야 합니다. 잘 나갈 때 차별화에 더욱 힘써야 합니다. 이것이 위기 감지 안테나를 높이 세우는 방법입니다.

🌵 성공 비타민

어떤 일을 마치고 "이젠 됐다" 하고 한숨 돌릴 때가 있다. 이때가 오히려 위험하다. - 윌슨

경쟁자가 있음에 감사하기

삼성그룹의 고 이병철 회장이 자주 얘기했던 '메기론'이라는 것이 있습니다. 그는 어린 시절 논에 미꾸라지를 길렀는데, 한 논에는 미꾸라지만 넣어 기르고, 다른 한 논에는 미꾸라지를 잡아먹는 메기를 함께 놓아 길렀다고 합니다.

미꾸라지만 넣어 기른 논의 미꾸라지는 살이 통통하게 붙어 있었습니다. 편안하게 스트레스 없이 지내다 보니 살이 통통하게 붙어 있었던 것이지요. 하지만 고기 맛은 별로여서 상품 가치는 떨어졌다고 합니다.

그러나 메기와 함께 기른 논들의 미꾸라지는 메기에게 잡혀먹히지 않기 위해 도망다니다 보니 살은 통통하지 않았지만 고기 맛이 뛰어나더라는 것입니다. 그래서 비싼 가격에 팔려 나갔습니다.

세상 만물은 다 경쟁 속에서 살고 있습니다. 여우는 토끼를 잡고 호랑이를 피해야 살 수 있습니다. 빨리 자라는 참나무 옆의 소나무는 결국 말라 죽고 맙니다. 경쟁에서 졌기 때문입니다.

시장의 기본 원리는 경쟁입니다. 경쟁자가 있어야 발전합니다. 서로 잡혀 먹히지 않기 위해서 죽기 살기로 노력 하기 때문입니다.

선의의 경쟁을 즐길 줄 알아야 합니다. 경쟁자가 있음에 감사하고 즐기십시오. 경쟁자는 내 몸값을 키워주는 사람입니다. 나태해지려고 하는 나를 채찍질해주는 사람입니다. 현실에 안주하려고 하는 나를 긴장시켜 주는 사람입니다. 잡혀먹히지 않기 위해 죽을 힘을 다해 도망다니다 보면 결국 나의 경쟁력이 강해집니다. 경쟁자를 환영하십시오. 경쟁자는 내 성공의 지렛대입니다.

성공 비타민

지금 우리가 살고 있는 이 경쟁 사회는 강한 자만이 살아남는 적자생존의 사회이다. - 빌 게이츠

5장

'꿈'을 팔아라

↘ 도전정신 키우기

희망은 잠자고 있지 않는 인간의 꿈이다.
인간의 꿈이 있는 한,
이 세상은 도전해 볼만하다.
어떠한 일이 있더라도
꿈을 잃지 말자, 꿈을 꾸자.
꿈은 희망을 버리지 않는 사람에게
선물로 주어진다.

- 아리스토텔레스

목표를 종이에 적기

 한 청년이 유명한 영화배우가 되겠다는 꿈을 안고 미국으로 건너갔습니다. 그러나 그는 무명 시절 돈도 없고 먹을 것도 없고 잠자리를 해결할 집도 없었습니다.

 그러던 어느 날, 이렇게 살아갈 수 없다는 생각에 무작정 헐리우드에 가서 가장 높은 언덕으로 올라갔습니다. 그리고 수표책을 꺼내어 '출연료' 라고 쓰고 스스로에게 1,000만 달러를 지급했습니다.

 그는 이 수표를 5년 동안 지갑에 넣고 다녔다고 합니다. 그랬더니 놀랄만한 일이 벌어졌습니다.

 5년째 되던 해에 그 청년은 '덤 앤 더머'와 '배트맨'의 출연료로 무려 1,700만 달러를 받았다는 것입니다. 그가 바로 짐 캐리입니다.

성공한 사람들은 자신의 목표를 종이에 적어 잘 보이는 곳에 붙여둡니다. 그리고 매일 한 번씩 입으로 외칩니다. 눈으로 보고 입으로 외치면서 자기에게 최면을 거는 것입니다.

자신의 목표를 종이에 적으십시오. 목표를 종이에 적으면 그 목표에 대한 분명한 방향을 갖게 됩니다.

목표를 적은 종이를 잘 보이는 곳에 붙여두십시오. 손길이 닿는 곳에, 눈길이 닿는 곳에 붙여두고 매일 한 번씩 소리 내어 읽으십시오. 소리 없이 읽는 것 하고, 소리 내어 읽는 것 하고는 행동이 확연히 달라집니다.

손으로 적고, 눈으로 보고, 입으로 외치는 3박자 리듬을 만들어야 합니다.

성공 비타민

종이 위의 기적, 쓰면 이루어진다. - 앤 클라우저

목표는
스마트하게 정하기

'보잉 727'의 성공 비결에 대한 이야기입니다.

1960년대 보잉사는 727 여객기를 만들면서 직원들에게 작업을 효율적으로 독려할 수 있는 문구를 찾느라 고민하고 또 고민했습니다.

'우리는 단거리 여객기 시장을 지배하게 될 것.' 하지만 이런 문구는 너무 추상적이고 방향성과 구체성도 없다는 의견이 많았습니다. 고민 끝에 만들어 낸 문구가 이랬습니다.

"새 제품은 131명의 승객(당시 최대)을 태우고 비좁은 러과디아 공항 활주로를 이착륙할 수 있어야 한다."

이 문구를 보면 방향이 정확하고 구체적입니다. 이 문

구 덕분에 727 여객기는 베스트셀러가 되었습니다.

우리는 가끔씩 '뜬 구름 잡는다'고 합니다. 구체적인 방법이 없이 막연하게 접근하는 경우에 사용하는 말입니다. '잘 살아야지', '성공 해야지' 이런 식으로 접근하는 것을 '뜬 구름 잡는다'고 합니다.

잘 살고 싶다고 해서 잘 사는 것이 아닙니다. 성공하고 싶다고 해서 성공하는 것이 아닙니다. 문제는 어떻게 잘 살 것이냐, 어떻게 성공할 것이냐 하는 것입니다.

목표에 접근할 때는 '스마트(SMART)' 하십시오.
S(specific) : 구체적이어야 합니다.
M(measurable) : 측정할 수 있어야 합니다.
A(attainable) : 실현 가능해야 합니다.
R(realistic) : 현실적이어야 합니다.
T(time based) : 시한이 정해져 있어야 합니다.

성공 비타민

구체적인 형태로 목표를 세우고 기한을 정하라. - 앤소니 로빈스

333 목표관리 하기

 어릴 적에 기차가 오지 않는 철길에서 철로 위를 걸어 본 적이 있을 겁니다.
 세 명이 철로 위를 누가 오래 걷나 내기를 하고 있었습니다. 두 사람은 얼마 가지 못해 중심을 잃고 철로에서 떨어지고 말았습니다. 그런데 한 사람은 철로에서 떨어지지 않고 오래도록 걸어가는 것이었습니다.
 그래서 나머지 두 사람이 물었습니다. "어떻게 그렇게 오래 걸어갈 수 있지?" 그랬더니 이렇게 말합니다. "나는 발 아래 철도 레일을 보는 것이 아니라 저 멀리 목표 지점을 정해 놓고 그것만을 보고 걸어 갔지."
 눈앞의 것만 보고 가면 얼마 가지 못합니다. 주어진 일에만 매달리는 사람은 성공하지 못합니다. 발등의 불 끄기도 바쁘기 때문입니다.

성공하려면 '333 법칙'을 실천하십시오.

3일 앞의 일을 생각해야 합니다. 적어도 3일 앞의 일을 리스트업 할 수 있어야 합니다.

3개월 주기로 진도 관리를 해야 합니다. 목표에 대한 진도 관리는 분기별로 하는 것이 좋습니다.

3년 주기 계획을 세워야 합니다. 보통 사람들은 1년 계획 세우는 것에 익숙합니다. 그러나 성공하는 사람들은 1년 계획은 기본이요, 3년 후의 모습을 그리면서 살아갑니다. 3년 후에는 어느 위치에 가 있을까?

길게, 멀리 보는 안목을 기르십시오.

성공자들의 생활 속에는 '333 법칙'이 있습니다.

🍀 성공 비타민

2, 3주 앞을 내다보는 계획이 아니라 3년, 5년, 10년을 내다 보는 계획을 세워라. - 데이비드

자기계발
3개년 계획 세우기

 우리가 오늘 이만큼 이렇게 잘 살게 된 것은 1960년대부터 시작했던 '경제개발 5개년 계획' 덕분이라고 합니다.

 1962년부터 시작했던 제1차 경제개발 5개년계획에서는 공업화를 위한 기반 마련에 중점을 두었습니다. 기간산업과 사회간접자본을 갖추는 데 주력하였고, 노동 집약적인 경공업을 통한 수출증대에 힘을 기울였습니다.

 1967년부터 시작한 제2차 경제개발 5개년 계획에서는 산업구조를 근대화하고 자립경제 확립을 촉진하는 데 목표를 두었습니다. 그 결과 노동 집약적인 경공업 중심에서 벗어나 자본 집약적인 중화학공업의 기반을 이루었습니다.

이후 제3차, 제4차 경제개발 5개년 계획을 통해서 고도 경제성장 기반을 마련했습니다.

자기계발 3개년 계획을 세우십시오.

3년 단위로 자기계발 분야를 정해서 집중 투자하는 것입니다. 나만의 주특기 만들기, 내가 잘하는 것 심화하기, 자격증 따기 등 목표를 정해서 집중 투자하는 것입니다.

'먼저 된 자 나중 되고 나중 된 자 먼저 된다'는 말이 있습니다. 늦게 출발했지만 얼마 지나지 않아 먼저 간다는 말입니다. 출발은 조금 늦었을지 몰라도 자기계발 계획을 세워 차근차근 실천해나가다 보면 3년 후에는 앞서 나가는 자가 될 것입니다.

3년 단위로 자기에게 집중 투자해 보십시오.

성공 비타민

참고 버텨라. 그 고통은 차츰차츰 줄어들어 너에게 좋은 것으로 변할 것이다. - 오비디우스

'I-Best' 실천하기

5개국어에 능통한 한 대기업의 임원이 있습니다.

그가 말하는 외국어 정복 비법입니다.

"저는 현재 5개국어를 합니다. 저는 학원에 다녀본 적이 없습니다. 그런데도 외국어가 가능하더라고요. 저는 큰 욕심 부리지 않고 하루에 한 문장씩 외었습니다. 하루에 한 문장을 외우기 위해 집 천장에도, 벽에도, 식탁 유리 밑에도, 화장실에도, 사무실 책상 유리 밑에도 오늘 외울 문장을 적은 종이를 놓아 두었습니다. 그리고 시간 날 때마다 그것을 보면서 입으로 중얼거렸습니다. 이렇게 하루에 한 문장씩 1년, 2년 꾸준히 외웠더니 결국 입이 트이고 귀가 트였습니다."

성공하는 사람들은 대부분 한꺼번에 많은 욕심부리지 않고 하나씩 하나씩 꾸준히 실천하는 사람들입니다. 그들이 쓰는 전략을 한 마디로 말한다면 'I Best' 전략이라 할 수 있습니다.

'I Best' 전략이란 '내가 최선을 다한다'는 말입니다. 다시 말하면 'I Best'는 I(나부터), B(Basic : 기초부터), E(Easy : 쉬운 것부터), S(Small : 작은 것부터), T(Today : 오늘부터) 실천하는 전략입니다.

아이베스트(I-Best)를 실천해 보십시오. 쉬운 것부터 시작하는 겁니다. 작은 것부터 시작하는 겁니다. 하루에 하나씩 실천하면 당신도 최고(Best)가 됩니다.

성공 비타민

가장 높은 곳에 올라가려면 가장 낮은 곳부터 시작하라.
— 푸블릴리우스 시루스

작은 목표부터
하나씩 해치우기

투견 조련법을 아십니까?

투견을 조련할 때는 처음에는 수준 낮은 개와 싸움을 붙여 무조건 이기게 합니다. 그러면 그 투견은 정말 자기가 싸움을 잘하는 줄 압니다. 그 다음 점차 한 단계씩 높여 싸움을 붙여 계속 이기게 함으로써 승리감이 몸에 프로그래밍 되게 합니다.

처음에는 약한 단계에서부터 시작해서 점차 단계를 높여주면 실제로 투견은 좋은 성적을 내게 됩니다.

한 마라톤 선수가 42.195Km 완주하는 비법을 이렇게 말합니다. 자기는 결승점까지의 거리를 몇 단계로 나누어 뛴다고 합니다. 처음 단계의 마지막을 통과하면 '처음 단계는 성공했어. 이제 다음 단계로 가는 거야'라고 하면서 자기 자신에게 격려한다고 합니다.

각 단계를 다 뛰었을 때마다 이런 식으로 자신을 격려하면 어느새 결승점이 눈앞에 다다르게 된다는 것입니다.

일을 할 때는 단계별로 하는 것이 좋습니다. 쉬운 목표부터 하나씩 해치우는 것입니다. 처음에는 작은 목표로부터 시작해서 점차 큰 목표로 옮겨가는 과정 관리를 하는 것입니다.

최종 목표에 이르는 과정을 단계별로 나누십시오. 즉 중간 목표를 설정하는 것입니다. 중간 목표를 정해 놓고 각각의 중간 목표를 달성할 때마다 자신을 격려해 보십시오. 중간 목표를 달성할 때마다 '나도 할 수 있다'는 자신감이 생기게 됩니다.

일은 단계별로 나누어 하면 훨씬 쉬워집니다.

성공 비타민

홈인 하려면 1루, 2루, 3루의 베이스를 차례대로 밟아가지 않으면 안 된다. - 베이브 루스

24시간 내에 행동하기

 우리나라 대표적인 통신회사인 KT에서 있었던 일입니다. 사장의 지시로 점심시간에 직원식당 앞에서 붕어빵을 구워 사원들에게 나눠줬습니다. 붕어빵을 먹으며 사원들은 저마다 "왜 사장이 이걸 나눠줄까?"하고 궁금해 했다고 합니다.

 얼마 뒤 사장이 붕어빵을 나눠준 이유에 대해 이렇게 말했습니다.

 "붕어빵이 제일 맛있을 때가 언제입니까? 갓 구워내 따끈따끈 할 때 먹어야 가장 맛있고 제 맛이 나는 것입니다."

 무슨 일을 하든지 처음 공감대가 형성 되었을 때 바짝

이루어내야 한다는 말이었습니다.

아는 것이 힘이라고 합니다. 그러나 이 힘은 행동으로 옮겼을 때만 생기는 것입니다.

아이디어가 경쟁력이라고 합니다. 그러나 이 경쟁력은 행동으로 옮겨졌을 때만 생기는 것입니다.

아는 것과 행동은 전혀 별개의 것입니다.

계획을 세웠다면 24시간 내에 실행하십시오. 오늘이 지나고 내일이 되면 그 계획은 실행하지 못하게 될지 모릅니다. 담배를 끊겠다고 했다면 오늘 당장 끊어야 합니다. 굳이 새해 첫날까지 기다릴 필요가 없습니다.

무슨 일이든 24시간을 넘기지 마십시오. 할 일이 있다면 24시간 내에 실행에 옮겨야 합니다.

성공 비타민

말 하자마자 행동하는 사람, 그 사람이 성공하는 사람이다.
― 엔니우스

'해봤어'라고 호통치기

　우리나라 경제발전의 주역들 중 가장 대표적인 사람을 꼽으라고 한다면 누구나 고 정주영 현대그룹 회장을 꼽습니다. 그의 경영 일화를 다룬 책 제목이 《이봐, 해봤어》입니다.

　1970년대 초 그가 황무지였던 자동차, 조선 산업을 추진할 때의 일입니다. 실무진들이 "회장님, 안 됩니다. 우리나라에서는 무모한 일입니다"라고 반대할 때마다 그가 눈을 부릅뜨고서 호통쳤던 말이 "이봐, 해봤어?"라는 말이었다고 합니다. 왜 해보지도 않고 안 된다고 미리 포기하느냐는 말입니다. 그가 항상 입버릇처럼 달고 살았다는 말이랍니다. 우리는 가끔씩 선입관을 가지고 안 된다고 하는 경우가 많습니다. 해보지도 않고 말입니다. 그럴 때마다 "이봐, 해봤어?"라고 호통치는 고 정주영 회장의 목소리가 들리는 것 같지 않습니까?

안 된다고 하면 아무것도 할 수 없지만, 된다고 하면 안 되는 것도 다 할 수 있습니다.

해보지도 않고 안 된다고 하는 사람들이 많습니다. 이런 이유, 저런 이유를 대면서 불가능하다는 이유만 찾습니다. 안 된다는 소리는 하지도 마십시오. 안 되는 이유는 찾지도 마십시오. 당신은 안 된다고 넋 놓고 있을 때 당신의 경쟁자는 어떻게든 해내고 있습니다.

'그건 안 될 거야'라는 생각이 들 때마다 자신에게 호통치십시오. '해봤어'라고…….

🍀 성공 비타민

"나는 못해"라고 말하면 아무것도 할 수 없다. "해보자"라고 말하면 놀라운 기적이 나타날 것이다. – 조엘 호스

'죽까' 정신으로 덤비기

 1년에 8억 이상의 소득을 받고 있는 한 세일즈맨이 있습니다. 그에게 성공 비결을 물었습니다. 그랬더니 그가 대답하기를 "'죽까' 정신으로 덤볐습니다"라고 합니다. "'죽까' 정신이 무엇입니까?"라고 다시 물었더니 '죽기 아니면 까무러치기' 정신으로 덤볐다고 합니다.

 그는 지금도 하루 하루를 죽기 아니면 까무러치기 정신으로 활동하고 있다고 합니다.

 '생즉사, 사즉생(生卽死 死卽生)'이란 말이 있습니다. 이 말은 '살고자 하는 자는 죽을 것이요, 죽고자 하는 자는 살 것'이라는 뜻입니다.

 《손자병법》에 나오는 말입니다. 이순신 장군의 좌우명

이기도 합니다. 우리나라 반도체 산업의 경쟁력을 세계 1위로 끌어올린 삼성전자 황창규 사장의 좌우명이기도 합니다. 무슨 일을 하든지 죽기 살기로 덤벼야 살아남을 수 있다는 말입니다.

'되면 좋고, 안 되면 그만'이라는 생각으로 덤벼서는 안 됩니다. 죽기 살기로 덤비십시오. 배수진을 치고 덤비십시오. 이 일이 내 생의 마지막 기회라고 생각하고 덤벼야 합니다.
'생즉사, 사즉생' 정신이면 반드시 성공합니다
'죽까' 정신으로 덤비는 사람이 성공합니다.

성공 비타민

혼신의 힘을 다하라. 자신의 힘을 아끼지 마라. 그러면 일이 저절로 풀릴 것이다. - 클레멘트 스톤

'밑져봐야 본전'
으로 도전하기

 분당에 있는 한 은행지점이 돌풍을 일으키고 있었습니다. 지점을 개설한 지 1년 만에 10년 이상을 영업한 주변 다른 지점의 10배가 넘는 수신고를 올리고 있는 것이었습니다. 37살밖에 되지 않은 이 지점장은 자신의 성공 비결을 이렇게 말합니다.

 "저는 밑져봐야 본전이라고 생각했습니다. 어차피 맨땅에 헤딩하는 것인데, 더 떨어질 것이 없지 않습니까? 앞으로 내가 어떻게 하느냐에 따라 올라가는 것만 있잖아요. 그래서 남들이 안 하는 행동으로 무엇인가 센세이션을 한번 일으켜보자고 생각하고 덤볐습니다."

 아무것도 잃을 게 없다는 생각, 즉 '밑져봐야 본전'이라는 생각으로 덤빈 것이 그의 성공 비결입니다. 무슨 일을 하든 겁내지 말고 덤벼야 합니다.

'콩나물에 물주기'라는 말이 있습니다. 콩나물에 물을 주면 물은 다 빠져나가고 없지만 콩나물은 물을 줄 때마다 쑥쑥 성장합니다.

도전은 '콩나물에 물주기'입니다. 처음에는 힘들고 앞이 보이지 않는 것 같지만 한 번 두드리고, 두 번 두드리다 보면 어느샌가 그 분야의 전문가로 자신이 성장해 있는 것을 보게 됩니다.

한 가지만 기억하십시오.

실패가 그냥 실패가 아니라는 사실입니다. 실패를 통해서 자신은 그만큼 성장했기 때문입니다. 성공은 도전을 통해서만 이루어집니다.

밑져봐야 본전이라는 생각으로 도전하십시오.

🍀 성공 비타민

경험은 가혹한 교사다. 시험부터 먼저 치르고 나서 나중에 가르쳐 주기 때문이다. - 버넌 로

시행착오에 기죽지 않기

우리가 자주 사용하는 메모 용지 중에 3M사에서 만든 '포스트 잇(Post-it)'이라는 것이 있습니다. 간편하게 붙였다 떼어냈다 할 수 있어 많이들 사용하고 있는 히트 상품입니다.

이 포스트 잇이 어떻게 탄생한지 아십니까? 포스트 잇은 실패에 의해서 태어났습니다. 시행착오에 의해서 세상에 태어나게 되었다는 말입니다.

한 연구원이 접착제를 개발하다가 실패했습니다. 새로 개발한 접착제가 접착력이 너무 떨어지고 불안정했던 것입니다. 이 연구원은 낙담하였습니다.

그러나 이를 지켜보고 있던 옆의 동료가 이것을 접착

식 임시 메모지로 사용해보자고 제안했고, 이것이 히트를 치게 된 것입니다.

"Try and error"라는 말이 있습니다. 우리 말로는 시행착오라는 말입니다.

무엇을 하든 단번에 이루어지는 경우는 없습니다. 여러 번의 실수를 거듭하면서 하나둘씩 이루어집니다.

시행착오를 두려워하지 마십시오.

시행착오를 피하려 하지도 마십시오.

시행착오를 줄여야 하는 것은 분명합니다. 시행착오를 최소화시키되 실패한 만큼 배운다는 자세로 임하는 것이 더 중요합니다.

기억하십시오. 처음부터 하늘에서 뚝 떨어지는 행운은 없다는 사실을······.

🍀 성공 비타민

실패한 자가 패배한 것이 아니라 포기한 자가 패배한 것이다.
― 피델로니

'한 번만 더' 해보기

광동제약 최수부 회장의 일화입니다.

1936년 일본 후쿠오카에서 5남 2녀 가운데 둘째로 태어나 8.15 광복과 함께 귀국한 그는 12살의 어린 나이에 아홉 식구를 먹여 살려야 하는 소년 가장이 되었습니다. 나무를 베다 팔기도 하고, 돈벌이가 된다면 가리지 않고 장사를 했습니다. 그는 새벽 2시에 일어나 지게에 나무를 가득 지고 30리 길을 걸어서 팔아야 하는 고단한 노역을 해야 했는데, 무거운 나뭇짐에 다리가 후들거리고 하늘이 노랗게 보일 때면 그는 이를 악물고 이렇게 다짐했습니다.

"한 걸음만 더!", "한 걸음만 더 가자!"

이 '한 걸음만 더'라는 정신이 훗날 광동제약을 창업하여 거대한 기업으로 만들 수 있었습니다.

물을 끓이면 '증기'라는 에너지가 생깁니다. 그런데 이 증기 에너지는 물이 100℃가 되어야만 발생합니다. 99℃의 물에서도 증기 에너지는 발생하지 않다가 100℃가 되어야 비로소 증기가 발생합니다. 99℃와 100℃의 차이는 불과 1℃.

99℃까지 올라가고도 1℃를 더하지 못해 포기한 경우가 허다합니다. 1℃만 올리면 되는데 그 1℃를 못 올리고 포기하고 맙니다.

주저앉고 싶을 때 최수부 회장은 '한 걸음만 더!'라고 외쳤습니다. 그만두고 싶을 때 '한 번만 더'라고 외쳐 보십시오. 포기할 땐 하더라도 '한 번만 더' 해보고 포기하십시오. 그 '한 번만 더'가 99℃를 100℃로 올라가게 하는 결정적인 1℃가 될지 모릅니다.

🍀 성공 비타민

대부분의 사람들은 성공 직전에 포기한다. - 로스 페롯

'포기'라는 단어 없애기

잘 알려진 이야기 중에 현대그룹의 고 정주영 회장의 '빈대론'이 있습니다.

열 아홉 살 때 네 번째 가출을 해 인천에서 막노동을 할 때입니다. 그때 묵었던 노동자들의 합숙소는 밤이면 들끓는 빈대로 잠을 잘 수 없는 지경이었습니다.

몇 사람이 빈대를 피하는 방법을 연구해 밥상 위로 올라가 잤는데 빈대는 밥상 다리를 타고 올라와 사람을 물었습니다.

다시 머리를 짜내 밥상 네 다리에 물을 담은 양재기를 하나씩 놓고 잠을 잤습니다. 그러나 편안한 잠은 하루인가 이틀 만에 끝나고 빈대를 여전히 괴롭히는 것이었습니다. 상 다리를 타고 기어오르다가 몽땅 양재기 물 속에 빠져죽어야 할 빈대들인데 도대체 어떻게 해서 물어 뜯을 수 있나 불을 켜고 살펴보다가 아연해질 수밖에 없었다고 합니다. 밥상 다리를 타고 올라가는 게 불가능해진 빈대들이 벽을 타고 까맣게 천장으로 올라가고 있었습니다. 그러고는 천장에서 사람을 향해 뚝뚝 떨어지고 있는 것이 아닌가. 이것을 보고 그는 이런 생각을 하게 되었답니다.

"하물며 빈대도 목적을 위해 저렇게 머리를 쓰고 저토록 죽을 힘을 다해 노력해서 성공하지 않는가. 빈대에게서도 배울 건 배우자."

목표를 달성하기 위해서 절대로 포기하는 않는 불굴의 정신을 배워야 합니다. 지금부터 당신의 머리에서 '포기'라는 단어를 지워버리십시오.

🍀 성공 비타민

내게 포기란 없다. 나는 결코 승리할 기회가 없다고 생각하지 않는다. – 아놀드 파머

How를 찾는 연습하기

 한 대학교의 경영학과 교수가 수업시간에 퀴즈를 하나 냈습니다. 칠판에 선을 하나 그어놓고 다음과 같이 말했습니다.

 "이 선을 건드리지 말고 조금 더 짧게 만들어 보시오."

 학생들은 칠판에 그려진 선을 보면서 여러 가지 방법들을 말했지만 모두들 정답하고는 거리가 멀었습니다. 그런데 한 학생이 벌떡 일어나 앞으로 나가더니 칠판에 그려진 선 밑에 또 다른 선 하나를 더 길게 그렸습니다. 그랬더니 먼저 있던 선이 더 짧게 보이는 것이었습니다.

 "생각의 틀에서 벗어나야 합니다. 무슨 일을 하든지 고정관념에 빠져 있으면 해결 방법이 보이지 않습니다."

그 교수가 강조하는 말이었습니다.

똑 같은 시간에, 똑 같은 일을 하면서도 사람마다 해내는 성과가 다릅니다. 그 차이점은 무엇일까요? 'How'를 찾는 훈련 여부에 따라 달라집니다.

문제를 해결하는 방법은 꼭 한 가지만 있는 것이 아닙니다. 이 방법만이 정답이다 하는 것도 없습니다. 산을 올라가는 길이 여러 갈래이듯이 문제를 해결하는 방법도 다양합니다.

'How'를 찾는 연습을 하십시오.
어떻게 차별화할 것인가? 어떻게 도표화할 것인가? 어떻게 시각화할 것인가? 등 '어떻게'를 연발하십시오. '어떻게'를 연발하면 결과가 달라집니다.

🍀 성공 비타민

어떤 일이든 할 수 있고, 이루어진다고 마음 먹어라. 그리고 그 방법을 찾아라. - 에이브러햄 링컨

'미쳤다'는 소리 듣기

 발명왕 에디슨에 대한 일화는 많이 알려져 있습니다. 그 중에 다음의 일화는 에디슨이 얼마나 자기 일에 몰입했었는가를 잘 알 수 있게 합니다.

 밤낮으로 실험에만 열중하는 에디슨에게 하루는 부인이 이렇게 말했습니다.

 "당신은 너무 일만 하니 어디서 좀 쉬고 오시는 게 좋겠어요."

 에디슨은 난감하다는 듯 아내의 얼굴을 물끄러미 바라보며 다음과 같이 물었습니다. "어딜 가지?" "어디든지 당신이 제일 가고 싶은 데로요." "그러지" 하고 에디슨이 대답했습니다.

다음 날 에디슨은 제 시간에 연구실에 나타났습니다. 그가 제일 가고 싶어하는 곳은 바로 연구실이었습니다

자기 일에 미쳐 있는 사람의 모습입니다.

우리 속담에 '반 풍수 집안 망친다'라는 말이 있습니다. 어떤 일에 능숙하지도 못하고 잘 알지도 못하는 사람을 반 풍수라고 합니다.

지금과 같은 경쟁시대에서는 '반 풍수'는 살아남지 못합니다. 대충 해가지고는, 적당히 해가지고는 살아남지 못합니다.

전문가로 변신하십시오. 그러기 위해서는 자기 일에 미쳐야 합니다. 남들로부터 '미쳤다'는 소리를 듣는 사람만이 전문가가 될 수 있습니다.

성공 비타민

파브르는 곤충에 미쳐 있었다. 포드는 자동차에 미쳐 있었다.
당신은 무엇에 미쳐 있는가? - 폴 마이어

'다음에'라는 말 지워버리기

한 남자가 이발을 하기 위해 이발소를 찾았습니다. 그런데 이발소 문앞에 이런 팻말이 붙어 있었습니다.

'오늘은 현금, 내일은 공짜.'

이왕이면 공짜로 이발을 하고 싶다는 생각에 그는 하루를 기다리기로 했습니다.

다음 날 일찌감치 그 이발소를 찾았습니다. 그런데 그 이발소에는 어제와 똑 같은 팻말이 붙어 있었습니다. '오늘은 현금, 내일은 공짜.' 그래서 그는 다음 날 가기로 했습니다. 다음 날도 여전히 같은 팻말이 붙어 있는 것이 아닌가! 이걸 보더니 이 남자는 "아니, 또 내일이야"라고 투덜거리며 발길을 돌리고 말았습니다.

실패자들에게서 볼 수 있는 공통적인 습관 중의 하나는 미루는 습관입니다. '다음에, 다음에' 하고 미루다가 결국은 아무것도 하지 못합니다.

그러나 성공자들은 다릅니다. 할 일이 있으면 그 즉시 시작합니다. 잊어 먹기 전에, 다른 상황이 생기기 전에 그 일을 즉시 시작합니다. 그러기에 하나 하나 성공의 열매를 따먹게 됩니다.

'다음에' 하고 미루고 싶을 때 '아니야, 지금 해야 해' 하고 외쳐 보십시오. '조금 있다가' 하는 생각이 들 때 '바로 지금'이라고 외쳐 보십시오. 그러면 하기 싫던 일도, 불가능해 보이던 일도 쉽게 풀립니다.

🍀 성공 비타민

'다음에'라는 길을 통해서는 이르고자 하는 곳에 결코 도달할 수 없다. – 스페인 격언

6장

'끈'을 늘려라

↳ 네트워크 만들기

대부분의 즐거움은 다른 사람들과의
행복한 관계에서 생겨난다.
반면 문제가 발생하는 대부분의 경우는
그들과의 불행한 관계에서
오는 것이다.
따라서 삶에 대한 대부분의 문제는
결국 사람 문제다.

- 시드니 쥬라드

휴먼 네트워크 100명 만들기

세 종류의 친구가 있습니다.

첫째는 밥 같은 친구입니다. 평생 같이할 친구입니다. 밥은 우리의 주식입니다. 한국 사람은 밥 심으로 산다고 합니다. 밥이 없으면 우리는 힘을 못씁니다. 나의 힘의 근원이 되는 친구가 밥 같은 친구입니다.

둘째는 빵 같은 친구입니다. 긴밀한 관계의 친구입니다. 주식은 아니지만 가끔씩 먹는 것이 빵입니다. 빵을 주식처럼 날마다 먹는 사람도 있습니다. 그러나 대부분의 사람들은 가끔씩 먹습니다. 날마다는 아니지만 주기적으로 긴밀한 관계를 갖는 사람이 빵 같은 친구입니다.

셋째는 약 같은 친구입니다. 급할 때 필요한 친구입니

다. 몸에 이상이 생겼을 급하게 찾는 것이 약입니다. 나에게 급한 상황이 생겼을 때 찾을 수 있는 친구가 약 같은 친구입니다.

성공한 사람들은 인맥 관리의 폭이 넓습니다. 휴먼 네트워크 100명을 만들어야 합니다.

100명의 휴먼 네트워크를 형성하는 데 '10 : 30 : 60 법칙'을 활용해 보십시오.

평생 같이할 친구 10명을 만들어야 합니다. 기쁠 때나 슬플 때나 나와 함께 할 친구들입니다.

긴밀한 관계의 친구 30명을 만들어야 합니다. 평생은 아닐지라도 정기적으로 만나는 친구들입니다.

급할 때 찾을 수 있는 친구 60명을 만들어야 합니다. 필요에 따라 모일 수 있는 친구들입니다.

성공은 사람 가운데서 나온다는 사실을 잊지 마십시오.

성공 비타민

우리를 행복하게 만들어 주는 것은 오직 사람밖에 없다.
― 앤드루 헤이워드

'가로 본능'으로 살기

지금은 아련한 말이 되었습니다만 한때 문맹(文盲), 컴맹(컴盲)이라는 용어가 유행한 적이 있었습니다.

'낫 놓고 기억 자'도 모르던 사람들을 문맹이라고 했었습니다. 컴퓨터가 있어도 부팅도 시킬 줄 모르던 사람을 컴맹이라고 했습니다.

그런데 지금 유행하고 있는 말이 하나 더 있습니다.

바로 넷맹(Net盲)이라는 말입니다. 한때 인터넷을 사용할 줄 모르는 사람을 넷맹이라고 했습니다. 그러나 요즘 유행하는 넷맹은 그 뜻이 아니라고 합니다.

인맥을 관리할 줄 모르는 사람은 넷맹이라고 합니다. 사람 관리를 할 줄 모르는 사람이 바로 넷맹입니다.

디지털 시대를 일컬어 '가로 본능' 시대라고 합니다. 아날로그 시대는 수직 본능 시대라고 했다면, 디지털 시대는 가로 본능 시대라는 것입니다.

아날로그 시대에서는 인맥을 형성하고 관리하는 방법으로 주로 학연, 혈연, 지연 등을 활용하였습니다. 이들은 모두 수직적인 관계입니다. 상하 서열 관계입니다.

그러나 디지털 시대에서는 수직적인 관계가 통하지 않습니다. 수평적인 인맥 관리로 바뀌었기 때문입니다.

수평적인 인맥을 적극적으로 개발하십시오. 동호회 모임, 각종 클럽 활동에 참여하십시오. 그리고 이들과 정기적으로 교류하는 채널을 만드십시오.

가로 본능 시대에는 가로 본능 방식으로 살아야 합니다.

성공 비타민

사람이 추구해야 하는 것은 돈이 아니다. 항상 사람이 추구해야 하는 것은 사람이다. - 푸시킨

내 인생의 '멘토' 만들기

오디세우스는 트로이 전쟁을 떠나면서 가장 믿을만한 친구인 멘토에게 자신의 아들 텔레마쿠스를 맡깁니다. 멘토는 왕이 전쟁에서 돌아올 때까지 친구가 맡기고 간 왕자에게 선생으로서, 상담자로서, 친구로서, 아버지로서 그를 돌봐줍니다. 그 덕에 텔레마쿠스는 훌륭한 사람으로 자랄 수 있었습니다.

한 사람의 인생에 있어서 훌륭한 스승의 역할을 해주는 사람을 '멘토' 라고 합니다. 나를 이끌어 주고, 조언해 주고, 지혜와 힘을 주는 사람, 내 인생의 지표가 되어 주는 사람이 바로 멘토입니다.

세계적인 골프선수 타이거 우즈는 자신의 아버지가 훌

륭한 멘토였습니다. "내가 받은 최고의 선물은 크리스마스 때 아버지와 골프를 쳤던 일"이라고 말하는 타이거 우즈는 아버지가 가장 친한 친구이자 스승이었다고 말합니다.

인생의 스승이란 먼 데보다 의외로 가까운 곳에 있습니다. 멘토라고 해서 꼭 멀리, 높은 자리에 있는 사람, 직업적으로 성공을 거둔 사람일 필요는 없습니다. 내 가치관이나 삶의 방식, 직업관 등에서 제대로 된 철학을 심어주고, 실천하고, 성장할 수 있도록 영향을 주는 사람이 멘토입니다.

성공하는 사람에게는 누구나 '멘토'가 있습니다. 당신의 멘토는 누구입니까? 부모님이나 아내, 남편, 친구, 직장 상사나 동료, 주변의 사람들을 두루두루 살펴 보십시오. 거기에 당신의 멘토가 있습니다.

📔 성공 비타민

내가 만나는 사람은 누구나 그 어떤 면에서 나보다 더 낫다. 그런 점에서 나는 그에게서 배운다. - 에머슨

5가지 마음 키우기

 한국의 전통식품 하면 제일 먼저 떠오르는 것이 된장, 고추장입니다. 된장 하면 예부터 다음과 같은 오덕(五德)을 지닌 식품이라고 했습니다.

 된장에는 첫째로 단심(丹心)이 있다고 합니다. 단심은 다른 맛과 섞여 제 맛을 냅니다. 둘째로 항심(恒心)을 가지고 있습니다. 항심은 오랫동안 상하지 않는 마음입니다. 셋째는 인심(忍心)입니다. 인심은 오랜 세월을 참고 이겨낸 마음입니다. 넷째는 선심(善心)입니다. 선심은 매운 맛을 부드럽게 합니다. 다섯 번째는 화심(和心)입니다. 화심은 어떤 음식과도 잘 어우러지는 마음입니다.

 된장에는 이런 다섯 가지 덕목이 있기에 우리 몸에 유

익한 식품이 된 것입니다.

성공하고자 한다면 된장이 가지고 있는 5덕(五德)을 키워야 합니다.

단심(丹心)을 키워야 합니다. 한 가지 일에 집중하는 마음입니다.

항심(恒心)을 키워야 합니다. 1년이 되었든, 10년이 되었든 변하지 않는 마음입니다.

인심(忍心)을 키워야 합니다. 어떤 어려움도, 어떤 유혹에도 굴하지 않고 묵묵히 자기 길을 가는 마음입니다.

선심(善心)을 키워야 합니다. 나로 인해 주위가, 환경이 변하게 하는 마음입니다.

화심(和心)을 키워야 합니다. 만나는 모든 사람들이 나를 좋아하게 하는 마음입니다.

📖 성공 비타민

훌륭한 마음을 갖는 것으로는 충분치 않다. 중요한 것은 그 마음을 잘 쓰는 것이다. – 데카르트

조류독감
감염자 멀리하기

 근묵자흑(近墨者黑)이라 합니다. 먹을 가까이 하다 보면 자신도 모르게 검어진다는 뜻입니다. 사람이 주변 환경에 따라 변할 수 있다는 말입니다.

 '까마귀 노는 곳에 백로야 가지 마라' 라는 시조가 있습니다. 검은 까마귀와 같이 놀다 보면 자신도 모르게 검어질 수 있음을 경계하는 말입니다. 부정적인 사람과 어울리면 나도 부정적이게 되고, 긍정적인 사람과 어울리면 나도 긍정적이게 됩니다.

 조류독감(AI)으로 전국이 시끄러웠던 적이 있습니다. 조류독감은 닭, 오리 및 야생 조류 등에 감염되는 급성 바이러스인데 전염성과 전파 속도가 엄청나게 빠릅니다. 그래서 한곳에서 발생하면 반경 3Km 이내의 조류는 전부 도살 처분합니다. 주변으로 퍼지는 것을 막기 위한 고육지책입니다.

악성 바이러스 보균자를 피해야 합니다. 그들을 가까이 하면 전염되기 때문입니다.

구경꾼을 피하십시오. 매사가 소극적인 사람입니다.
말꾼을 피하십시오. 말만 많고 행동이 없는 사람입니다.
심술꾼을 피하십시오. 불평불만이 많은 사람입니다.
싸움꾼을 피하십시오. 문젯거리만 만드는 사람입니다.
훼방꾼을 피하십시오. 성공을 가로막는 사람입니다.

이런 사람들은 조류독감과 같은 사람들입니다. 악성 바이러스를 지닌 사람들입니다. 같이 어울리면 당신도 전염되어 죽게 됩니다.

성공 비타민

성공의 원리는 간단하다. 부정적인 부류에 자기가 속하지 않으면 된다. - 러셀

하루 한 명씩
내 편으로 만들기

테레사 수녀가 말했습니다.

"난 결코 대중을 구하려고 하지 않습니다. 난 다만 한 개인을 바라볼 뿐입니다. 난 한번에 단지 한 사람만을 사랑할 수 있습니다. 한번에 단지 한 사람만을 껴안을 수 있습니다. 단지 한 사람, 한 사람, 한 사람씩만...... 따라서 당신도 시작하고 나도 시작하는 것입니다. 난 한 사람을 붙잡을 뿐입니다. 만일 내가 그 한 사람을 붙잡지 않았다면 난 4만 2천 명을 붙잡지 못했을 것입니다."

매일 한 사람씩을 잡으려고 노력했더니 어느 정도 시간이 지나자 4만 2천 명이라는 어마어마한 사람을 구원하게 되었다는 것입니다.

하루에 한 가지씩만 하십시오. 1년이면 365가지입니다. 한번에 너무 많은 것을 하려고 하지 마십시오. 그러면 정신 없이 막 돌아가다가 목표를 잃게 됩니다. 하나씩 하나씩 지속적으로 하는 것이 중요합니다.

사람 관리도 마찬가지입니다.
하루 한 명씩만 잡으십시오.
하루 한 사람만 감동 시키십시오.
하루 한 명에게 도움을 주십시오. 그러면 1주일에 7명, 한 달에 30명이 내 편이 될 것입니다.
'하루 한 사람만 내편으로 만들자.'
이것이 사람 관리를 잘하는 사람들의 행동 비결입니다.

성공 비타민

아침에 눈을 뜨면 '오늘은 한 사람에게만이라도 기쁨을 주어야겠다' 라는 생각으로 하루를 시작하라. - 니체

자발적으로 '봉' 되어주기

 검도에서 자주 쓰는 말 중에 "내 피부를 주고 상대의 뼈를 끊어라. 내 뼈를 주고 상대의 맥을 끊어라"라는 말이 있습니다. 내가 바라는 큰 것을 얻기 위해서는 내가 가지고 있는 작은 것을 먼저 주라는 말입니다.

 '얕은 곳만 찾는 여우보다 몸이 좀 젖더라도 뛰어드는 곰이 강을 건넌다'고 합니다. 손해를 보지 않으려고 잔머리 굴리는 여우보다 약간은 손해를 보더라도 과감히 자기를 희생할 줄 아는 곰이 얻고자 하는 것을 얻는다는 말입니다.

 운동을 배울 때 제일 먼저 강조하는 것이 '힘을 빼라'고 합니다. 야구선수가 홈런을 치기 위해서는 어깨의 힘을 빼야 하고, 수영을 배우는 사람이 물에 가라앉지 않으려면 몸에 힘을 빼라고 합니다.

사람을 내 편으로 만들려면 제일 먼저 해야 하는 일이 힘을 빼는 일입니다. 그 힘을 빼는 방법이 자발적으로 남을 위한 '봉'이 되는 것입니다.

'Give and Give' 하십시오. 주기만 하고 받기를 바라지 말라는 말입니다. 주기만 하고 되돌아 오는 것이 없더라도 서운해 하지 말라는 말입니다.

남들이 하기 싫어하는 일을 자청해서 하십시오. 힘들고 고된 일을 적극적으로 찾아서 하라는 말입니다.

남을 위한 '봉'이 되는 것을 좋아하는 사람, 이런 사람 주변에는 사람들이 모입니다.

성공 비타민

사람의 환심을 사려면, 그 사람을 끌려는 것보다 먼저 그 사람에게 관심을 보여줘라. - 데일 카네기

적극적으로 망가지기

한 기업의 회식장에서 있었던 일입니다.

회식 후 노래방에 갔는데 사장이 갑자기 목에 차고 있던 넥타이를 풀더니 머리에 묶습니다. 머리에 묶은 넥타이 사이에 만 원짜리 지폐를 몇 장 끼우고서는 앞에 있는 무대에 나가 머리를 뱅뱅 돌리면서 노래를 합니다.

이 모습에 사원들은 박장대소를 합니다. 여기저기서 너도 나도 넥타이를 풀어 머리에 매기 시작했습니다. 부장도, 과장도, 사원들도 넥타이를 풀고서 사장이 했던 것처럼 무대에 나가 함께 어깨 동무를 하고 목청껏 노래를 부르기 시작했습니다.

그날 회식 자리는 대성공이었습니다. 사장 한 사람이

망가졌더니 회식 분위기가 신나게 살아났습니다. 사장 한 사람이 망가졌더니 조직이 살아난 것입니다.

'망가져야 산다' 라고 합니다. 내가 적극적으로 망가지는 것이 결국은 더 좋은 결과를 만들 수 있다는 말입니다.

어떤 모임에서든 적극적으로 망가지십시오. 다른 사람들을 즐겁게 해주기 위해서 팔 걷어붙이고 헌신하고 봉사하십시오. 마음의 빗장을 풀고 사람들의 손발이 되려고 노력하십시오. 체면이나 품위가 손상 될까봐 주저하지 마십시오.

'내 체면에 그걸 어떻게 해?' '내 나이에 그걸 하라고?' 이런 생각하지 마십시오. 자신을 소극적으로 행동하게 만드는 생각들입니다. 이런 생각들이 사라져야 내가 살아납니다. 망가지면 망가질수록 더 살아나게 됩니다.

📖 성공 비타민

일수 일확하는 것은 곡물이다. 일수 십확하는 것은 나무이다.
일수 백확하는 것은 사람이다. - 순자

3가지 '필통' 만들기

 사람이 건강 하려면 3가지가 통해야 합니다.
 먼저 기(氣)가 통해야 합니다. 기가 부족하면 기분이 나빠집니다. 우리 몸의 기운 중에 36.5%가 양의 기분이요, 63.5%가 음의 기분이라고 합니다. 이러한 기분의 밸런스가 무너지면 마음에 병이 생깁니다.
 둘째는 피(血)가 통해야 합니다. 혈액 순환에 문제가 생기면 각종 병이 생깁니다.
 셋째는 물(水)이 통해야 합니다. 사람의 몸에는 70%가 물입니다. 건강하게 살려면 하루 2.6리터의 물이 돌아야 합니다. 사람은 하루 2.6리터의 물을 마시고 2.6리터의 물을 배설해야 한다고 합니다. 물이 돌지 않으면 모든

기관에 혼선이 오게 되어 각종 이상 현상이 나타나게 됩니다.

성공하려면 3가지가 잘 통해야 합니다.

성공하는 사람들은 3가지 필통을 가지고 있습니다.

첫째는 '필통(feel通)'입니다. 마음이 통하는 것입니다. 괜히 주는 것 없이 미운 사람이 있습니다. 마음이 통하지 않기 때문입니다.

둘째는 '필통(必通)'입니다. 반드시 통하는 통로, 즉 말이 통해야 합니다. 말 한 마디를 하더라도 좋은 이미지를 심어줄 수 있어야 합니다.

셋째는 '필통(筆筒)'입니다. 글로 통해야 합니다. 마음을 눈으로 보여주는 사람이 있습니다. 짧은 문구, 뜻밖의 편지에 그 사람을 다시 생각하게 합니다.

3가지가 잘 통해야 건강한 인맥을 만들 수 있습니다.

성공 비타민

의사소통을 잘하면 잘 할수록 이익은 더욱 커진다. - 존 밀턴

마음을 눈으로 보여주기

화가 이중섭에 대한 일화입니다.

친한 친구가 병이 났을 때의 일입니다. 병상에 누워 있던 친구는 제일 먼저 병문안을 올 줄 알았던 이중섭이 며칠이 지난 뒤에야 병실에 나타난 걸 보고 이렇게 말했습니다.

"자네를 얼마나 기다린 줄 알기나 하나?"

"미안하네. 빈손으로 올 수가 없어서……."

이중섭은 우물쭈물하다가 들고 온 보자기를 친구에게 내밀었습니다. "내 성의일세. 며칠 전에 올 수 있었는데 이걸 가지고 오느라고……."

친구는 이중섭이 준 물건을 받아 들고 깜짝 놀랐습니다. 그것은 복숭아 그림이었습니다.

"천도를 그렸네. 예로부터 그 복숭아를 먹으면 무병장수한다고 하지 않던가. 그러니 자네도 이걸 먹고 어서 일어나게나."

마음을 눈으로 보여줄 수 있어야 합니다. 나의 생각, 나의 마음을 상대방이 읽을 수 있도록 연출할 줄 알아야 합니다.

행동으로 마음을 보여 주십시오. 힘들고 어려움을 당했을 때 일부러 찾아가 도움이 되는 행동으로 따뜻한 마음을 보여주는 것입니다.

시각적으로 마음을 보여 주십시오. 글로 표현하든, 동영상을 준비하든, 따뜻한 마음을 상대방이 볼 수 있게 해야 합니다.

말로 마음을 보여 주십시오. 따뜻한 말 한 마디가 하루를 환하게 만들 수 있습니다. 배려의 말 한 마디가 견디기 힘든 시간을 극복하는 데 도움이 될 수 있습니다.

성공 비타민

사람은 상대가 보여주는 관심 하나만으로도 자신도 상대에게 관심을 갖고자 한다. - 라 로슈코프

자기 PR 작전 짜기

피카소에 대한 재미있는 일화입니다.

무명 시절 피카소는 화랑에서 자신의 그림을 사주지 않자 한 가지 꾀를 냈습니다. 날마다 변장을 하고 화랑에 들어가 "피카소 그림 있소?" 라고 물었습니다.

피카소의 작품이 없어 손님을 놓쳤다고 생각한 화랑에서는 서둘러 피카소를 찾아가 비싼 값을 주고 그림을 사다가 전시하게 되었습니다.

한 회사에서는 승진 심사 때 자기 PR 능력을 심사합니다. "이번에 승진해 위독하신 아버님께 효도하고 싶습니다." 승진 대상자들에게 자기 PR 하는 시간을 만들어 주고 그 내용에 따라 승진 여부를 결정합니다.

"초코파이처럼 정이 많고 고소미처럼 고소한 면도 갖고 있습니다." 제과업체인 오리온의 신입사원 면접 시험에서 면접관을 감동시켰던 재치 있는 답변입니다.

지금은 자기 PR 시대입니다. 가만히 앉아 있으면 알아주지 않습니다. 적극적인 방법으로 자신을 알릴 수 있는 아이디어를 만들어야 합니다.

자신의 장점을 시각화 하십시오. 명함 뒷면에 자신의 특징을 넣어 사용하는 사람도 있습니다.

톡톡 튀는 자기소개 문구를 만드십시오. 한번 들으면 잊을 수 없는 재치 있고 재미있는 자기소개 문구를 만드는 것입니다.

손발을 부지런히 하십시오. 정기적으로 이메일을 보내는 사람도 있습니다. 이메일을 열 때마다 그 사람의 이름을 기억하게 됩니다.

성공 비타민

성공은 얼마나 많이 아느냐가 아니라, 누구를 알고 그들에게 자신을 얼마나 잘 알리느냐에 달려 있다. - 아이아코카

붕어빵 명함 버리기

요즘은 명함 하나 활용에도 마케팅을 생각합니다.

화장품회사 향수팀 사원들은 '향기 나는 명함'을 사용합니다. 명함을 받으면 그 사람의 향수도 묻어나는 것 같습니다.

한 통신사 쿠폰팀의 사원들은 '쿠폰이 있는 명함'을 사용하고 있습니다. 명함과 함께 쿠폰도 덤으로 따라가는 것입니다.

한 치과 원장은 명함 뒷면이 거울인 명함을 사용합니다. 얇은 명함 하나로 이를 들여다 볼 수 있어 교정 전문 병원의 이미지를 확실히 심어줄 수 있다고 합니다.

한 사회복지사는 점자가 새겨진 명함을 사용합니다.

명함을 나눠 줄 때마다 자기가 하는 일을 쉽게 설명할 수 있다고 합니다.

한 컨설팅회사 사장은 3종류의 명함을 사용합니다. 업무 관련 사람을 만나면 회사 명함을 사용합니다. 일반인들을 만나면 짧게 자기소개 말이 들어 있는 자기 PR 명함을 사용합니다. VIP 사람들을 만나면 황금색 도금이 되어 있는 고급스런 명함을 사용합니다.

명함은 곧 내 얼굴입니다. 지금은 튀어야 하는 시대입니다. 얼굴이 남보다 잘 생긴 미남형이던지, 아니면 미남은 아니더라도 독특한 특징이 있어야 주목 받는 시대입니다. 지금 당신의 명함을 자세히 들여다 보십시오. 내 명함에 어떤 특징이 있는지…….

붕어빵 명함은 버리십시오.

성공 비타민

명함 한 장으로 그 사람의 이미지가 결정된다. - 하이모토 야스오

'아하' 하는 자기소개
말 만들기

"그냥 한 번 해봐 (Just do it)."

나이키(Nike)의 광고 문구입니다. 나이키는 이 광고 문구로 세계 스포츠 시장을 석권했습니다.

"문제는 경제야, 바보야 (It's economy, stupid)."

빌 클린턴(Clinton)이 1992년 대선에서 사용했던 구호입니다. 클린턴은 이 구호로 백악관에 입성했습니다. 지금도 정치판에서는 자주 애용되는 문구입니다. 짧으면서도 강한 이미지로 소비자와 유권자의 마음을 사로잡은 문구들입니다.

축구를 무지무지하게 좋아하는 친구가 있습니다. 그 친구의 명함 뒷면에는 이런 문구가 새겨져 있습니다.

"술 마시는 것보다 축구를 더 좋아하는 이수철입니다."
그냥 '이수철입니다' 하면 그가 어떤 사람인지 알 수 없습니다. 그러나 이 문구를 보면 그가 축구를 얼마나 좋아하는지를 한눈에 알 수 있습니다.

자신을 한 마디로 설명할 수 있는 문구를 만들어야 합니다. 한번 들으면 '아하' 하면서 나를 잊지 않게 하는 문구를 만들어야 합니다.//
'촌철살인(寸鐵殺人)'이라고 합니다. 한 마디의 말이 수천 마디의 말보다 더 효과가 크다는 말입니다.//
자기의 장점을 찾아 보십시오.//
자기가 좋아하는 것을 찾아 보십시오.//
그 중에서 하나를 선택해서 촌철살인 문구를 만들어 보십시오.

성공 비타민

현명한 사람은 자신을 짧게 소개하는 말을 미리 준비하고 다닌다. – 지그 지글러

'수·사·반·장' 되기

한 광고회사 면접장에서 있었던 일입니다.

면접관 : "S.A.L.T(전략무기제한협정)가 뭡니까?"

청년 : (무슨 말의 약자더라? 에라, 밑져야 본전이다.) "소금입니다."

면접관 : "아니, 그거 말고. 난 대문자로 S.A.L.T가 뭔지를 물었습니다."

청년 : (진짜 모르겠다. 아, 좋은 수가 생각났다.) "네, 굵은 소금입니다."

청년의 재치 있는 한 마디에 면접관은 크게 웃었습니다. 물론 그는 그 회사의 신입사원이 되었습니다.

센스와 재치를 키우는 것이 중요합니다. 어떠한 경우

든 유머를 잃지 않는 여유가 필요합니다.

성공한 사람들의 경우를 보면 대부분 마음의 여유가 넉넉합니다. 이러한 마음의 여유가 있기에 가끔씩 재치 있는 유머들로 상대방의 마음을 사로잡습니다.

유머를 개발하기 위해서는 '수사반장'이 되어야 합니다. 수집하고, 사용하고, 반응을 살피고, 장기를 살리라는 말입니다.

주변에 떠도는 유머들을 수집하여 분류하십시오. 그들 중 적당한 것을 골라 먼저 가까운 사람들에게 사용해 보십시오. 그리고 그들의 반응을 살피십시오. 또한 자신만의 장기를 한두 개 정도 개발하십시오.

성공하는 사람들은 재치와 센스도 개발합니다.

성공 비타민

웃어라, 그러면 세상도 그대와 함께 웃을 것이다. 울어라, 그러면 그대 혼자 울게 된다. - 윌러 윌콕스

매일 'KISS' 연습하기

'엘리베이터 스피치'라는 용어가 있습니다.

최고경영자 또는 고객과 함께 엘리베이터를 탄 짧은 순간에 핵심 내용을 말할 수 있도록 준비해 두어야 한다는 의미입니다. 즉 핵심 내용을 30초 내에 간결하게 정리하고 있어야 한다는 말입니다.

'3·3·3 법칙'이라는 것도 있습니다. 대화를 할 때 30초 안에 상대방의 관심을 이끌어내고, 이에 따라 3분의 시간을 더 얻어서 핵심 사항을 전달하고, 이후 30분의 시간을 할애 받아 충분하게 설명하는 시간을 만드는 상담 기법을 말합니다.

'1·2·3 법칙'이라는 것도 있습니다. 상대방과 대화할 때 하나를 이야기 했으면 둘을 듣고 세 번 맞장구치라는 것입니다.

이 모두가 대화를 할 때는 되도록 말을 짧게 하라는 말입니다. 장황하게 말하는 사람은 상대방에게 좋은 이미지를 심어주지 못합니다. 상대방을 설득시키지도 못합니다.

'말은 짧게, 느낌은 강하게!'

이렇게 말하는 훈련을 해야 합니다. 그것이 바로 'KISS 법칙' 입니다. "Keep it Short and Simple!" 말은 짧고 간결하게 하라는 말입니다.

질문에 대한 대답은 결론부터 말하는 것이 좋습니다. 길게 말하면 뒤가 흐리게 되어 핵심에서 벗어날 가능성이 많기 때문입니다.

평상시 10초, 30초 단위로 말하는 훈련을 하십시오. 이것이 'KISS'를 연습하는 방법입니다.

성공 비타민

나는 KISS의 공식과 상식적인 생각만 있으면 어떤 어려운 문제라도 해결할 수 있다고 믿는다. - 웨인 드페트리스

'덕분에' 라는 말만 하기

'요즘 사업은 잘 되십니까?' 한 사장에게 건네는 인사 말입니다. 그랬더니 그 사장이 '덕분에 잘 되고 있습니다' 라고 대답합니다. 이 사장이 말하기를 자기는 습관적으로 3가지의 말을 입에 달고 산다고 합니다.

'감사합니다. 고맙습니다. 덕분입니다' 라는 말입니다. 모든 것들이 주변 사람의 도움 덕분에 잘 되고 있다는 것입니다.

성공하는 사람은 '덕분에' 라는 말을 입에 달고 삽니다.

우리는 흔히 '잘 되면 내 탓, 잘 못되면 조상 탓' 이라고 합니다. 잘 된 것은 그 공을 다 내쪽으로 돌리고, 잘못 되면 그 원인을 다른 사람에게 돌리는 것입니다. 이런 사람은 일이 잘못되면 그 원인은 '~ 때문에' 라고 합니다.

두 가지의 말이 있습니다. 하나는 '때문에' 라는 말이고, 다른 하나는 '덕분에' 라는 말입니다.
'때문에' 라는 말은 실패자들이 즐겨 쓰는 말입니다.
'여건 때문에, 환경 때문에, 운 때문에…'
자신이 실패한 이유를 합리화시킬 때 자주 쓰는 말입니다.
'덕분에' 라는 말은 성공자들이 즐겨 쓰는 말입니다.
'당신 덕분에, 주변 사람 덕분에, 도와 주신 덕분에…'
자신이 성공한 이유를 모두 다른 사람의 공으로 돌립니다.
'때문에' 라는 말은 부정적인 말입니다.
'덕분에' 라는 말은 긍정적인 말입니다.
이제부터는 '~때문에' 라는 말보다는 '~ 덕분에'
라는 말만 하십시오.

성공 비타민

좋은 것도, 좋지 않은 것도 없다. 다만 생각이 그것을 만들어 낼 뿐이다. – 마르크스 아우렐리우스

자기 얼굴에 책임지기

《타임》지가 선정한 세계 100대 인물 중의 한 사람이 삼성그룹의 이건희 회장입니다. 이건희 회장의 얼굴은 좀 독특합니다. 탄력 있는 피부에 돌출된 큰 눈은 강한 인상을 주기 때문에 '가까이 하기엔 너무 먼 당신'으로 느껴집니다. 그러나 실제로 그를 만나본 사람들은 그를 편안하고 좋은 느낌을 주는 사람이라고 말합니다.

언젠가 이건희 회장 전속 사진작가의 인터뷰 기사를 본적이 있습니다.

"이건희 회장이 웃는 모습을 어떻게 잘 포착할 수 있었나요? 연출하기도 쉽지 않았을 텐데……."

이 질문에 그의 대답을 이랬습니다.

"어렵지 않아요. 이 회장은 언제나 웃고 있습니다."
성공자의 얼굴은 온화하고 편안한 모습입니다.

'나이 40이 되면 자신의 얼굴에 책임을 져라.' 링컨이 한 말입니다. 어떻게 사느냐에 하는 것이 자신의 얼굴에 그대로 나타난다는 말입니다.

인생이 꼬이는 사람의 얼굴을 보십시오. 그들의 얼굴은 항상 어둡습니다. 얼굴에 그늘이 져 있기 때문입니다.

일이 잘 되는 사람의 얼굴을 보십시오. 그들의 얼굴은 항상 밝습니다. 얼굴에서 반짝반짝 빛이 납니다.

당신은 어떤 얼굴을 만들겠습니까? 그늘진 어두운 얼굴? 아니면 환하고 밝은 얼굴? 환하게 웃는 얼굴을 연출해야 합니다. 그래야 성공도 환하게 웃으며 찾아옵니다.

성공 비타민

따뜻한 말, 온화한 눈길, 부드러운 미소는 신통한 효과를 발휘하고 기적을 일으킨다. – 윌리엄 헤즐릿

중앙경제평론사
중앙생활사

Joongang Economy Publishing Co. /Joongang Life Publishing Co.

중앙경제평론사는 오늘보다 나은 내일을 창조한다는 신념 아래 설립된 경제·경영서 전문 출판사로 성공을 꿈꾸는 직장인, 경영인에 전문지식과 자기계발의 지혜를 주는 책을 발간하고 있습니다.

내 인생에 기적을 일으키는 하루 1분

초판 1쇄 발행 | 2007년 8월 13일
초판 3쇄 발행 | 2010년 7월 20일

지은이 | 문충태(Chungtae Mun)
펴낸이 | 최점옥(Jeomog Choi)
펴낸곳 | 중앙경제평론사(Joongang Economy Publishing Co.)

대 표 | 김용주
편 집 | 한옥수·최진호
기 획 | 정두철
디자인 | 이여비
마케팅 | 김치성
관 리 | 김영진
인터넷 | 김회승

출력 | 국제피알 종이 | 한솔PNS 인쇄·제본 | 삼덕정판사

잘못된 책은 바꾸어 드립니다.
가격은 표지 뒷면에 있습니다.

ISBN 978-89-6054-021-7(04320)
ISBN 978-89-88486-78-8(세트)

등록 | 1991년 4월 10일 제2-1153호
주소 | ㉾100-789 서울시 중구 왕십리길 160(신당5동 171) 도로교통공단 신관 4층
전화 | (02)2253-4463(代) 팩스 | (02)2253-7988
홈페이지 | www.japub.co.kr 이메일 | japub@naver.com | japub21@empal.com
♣ 중앙경제평론사는 중앙생활사·중앙에듀북스와 자매회사입니다.

Copyright ⓒ 2007 by 문충태
이 책은 중앙경제평론사가 저작권자와의 계약에 따라 발행한 것이므로 본사의 서면 허락 없이는 어떠한 형태나 수단으로도 이 책의 내용을 이용하지 못합니다.

▶ 홈페이지에서 구입하시면 많은 혜택이 있습니다.

※ 이 도서의 **국립중앙도서관** 출판시도서목록(CIP)은 e-CIP 홈페이지(www.nl.go.kr/cip.php)
에서 이용하실 수 있습니다.(CIP제어번호: CIP2007002127)